海外生活必携！

新
病気になっても困らない英会話

尾崎哲夫

南雲堂

❁❁❁ 自己紹介 ❁❁❁

　読者のみなさんこんにちは。
　この本の自己紹介をします。
　この本は、二つの目的で書かれています。
　ひとつは、みなさんが海外で身体の調子が悪くなったとき、最小限「これだけ表現できれば」という観点です。
　表現方法は基本的なものを重視しましたが、病名などは詳しく展開しました。
　もう一つの目的は、看護系・医療系の学校等で学ぶみなさんが看護試験等に備えるかたわら基本的な看護・医療英語表現を修得するという観点です。
　看護系・医療系の学校等の学習に沿って、ムリ・ムダなく勉強できるように書き進めました。この本を勉強すると、学校の定期試験にもきっと役立つでしょう。
　みなさんがすぐそばにいて、私と一緒に勉強していると考え、学校の授業の口調で書き進めました。
　黒板やイラストを見ながら、楽しく最後まで勉強して下さい。

❁❁❁ 推薦したい本 ❁❁❁

(1)『私の英単語帳を公開します！尾崎式の秘密』(幻冬舎)

(2)『ジーニアス英和辞典』（大修館）
　　　　定評あるすぐれた辞典

(3)『英検準2級エクスプレス』（南雲堂）

(4)『使える！受験英語リサイクル術』（PHP 研究所）

❖❖❖ 目 次 ❖❖❖

Chapter 1　単語　　　7
1　身体を表す言葉 …………………… 8
2　薬 ………………………………… 20
3　病気 ……………………………… 27
4　お医者さん ……………………… 40
5　科目名 …………………………… 42

Chapter 2　病気を訴える　　45
1　一般的な症状 …………………… 46
2　風邪かな？ ……………………… 47
3　おなかの病気 …………………… 53
4　痛みをともなう病気 …………… 58
5　歯が痛んだら …………………… 67
6　ケガの表現 ……………………… 69

Chapter 3　診察　　83
1　診察してもらおう ……………… 84
2　お見舞いに行こう …………… 104
3　歯医者さんと患者 …………… 106
4　難しい単語を覚えよう ……… 110

Chapter 4　演習問題　　115

索引　　131

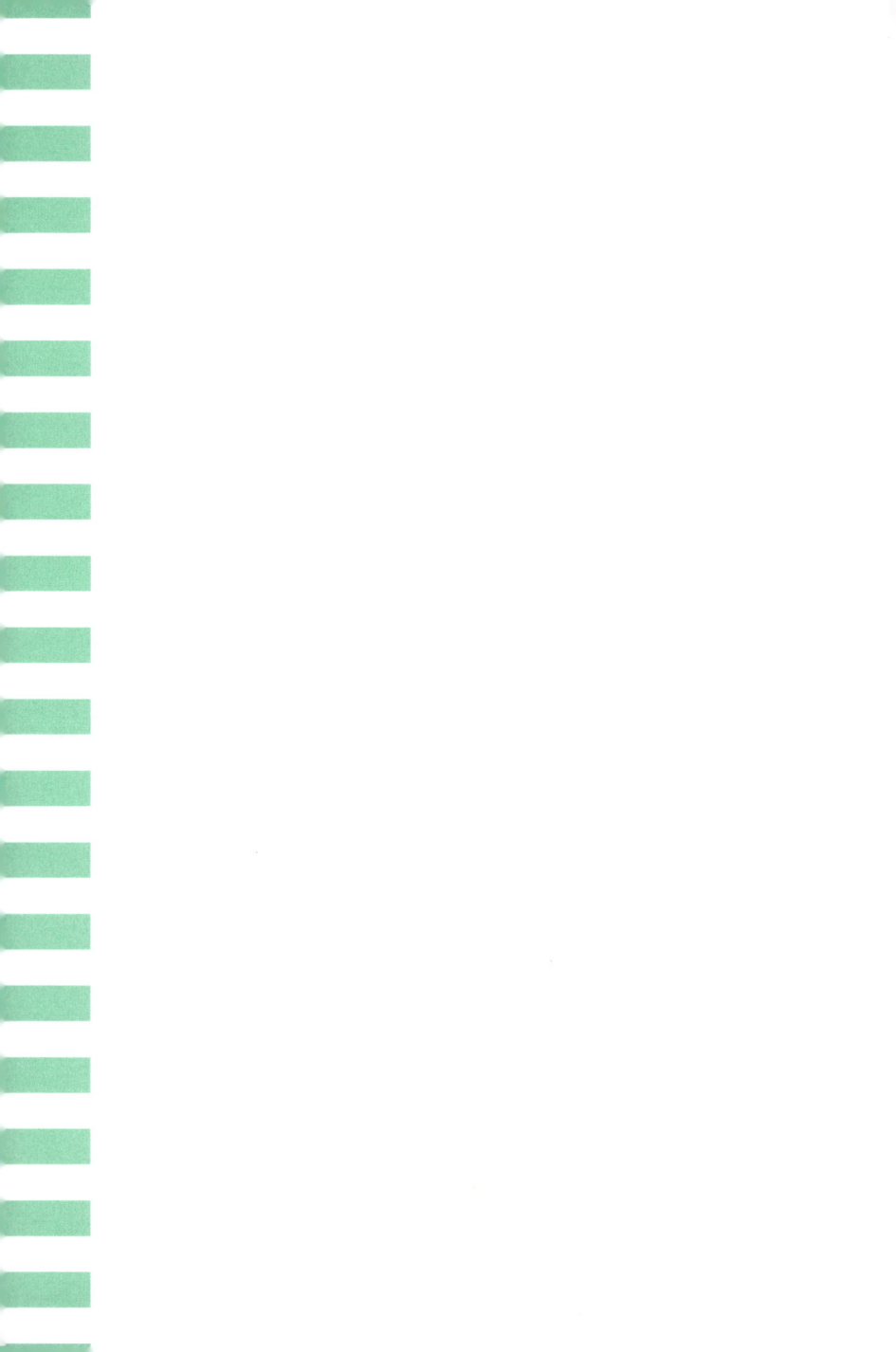

単語
1

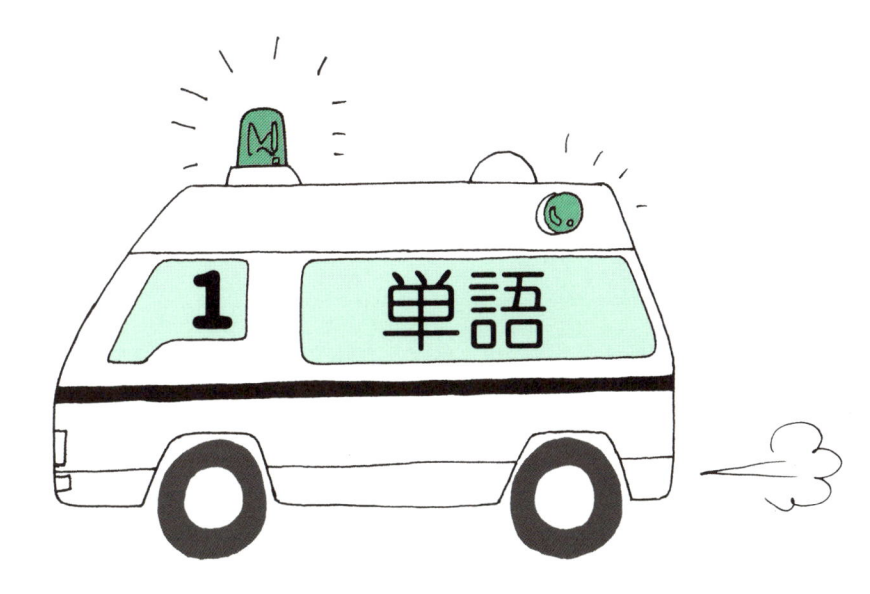

まずウォーミングアップとして、基本的な単語の確認から始めましょう。
「そんな単語は知っている」という人も、確認だと思ってお付き合いして下さいね。

1 身体を表すことば

まず、頭部です。イラストを見て下さい。 CD 2

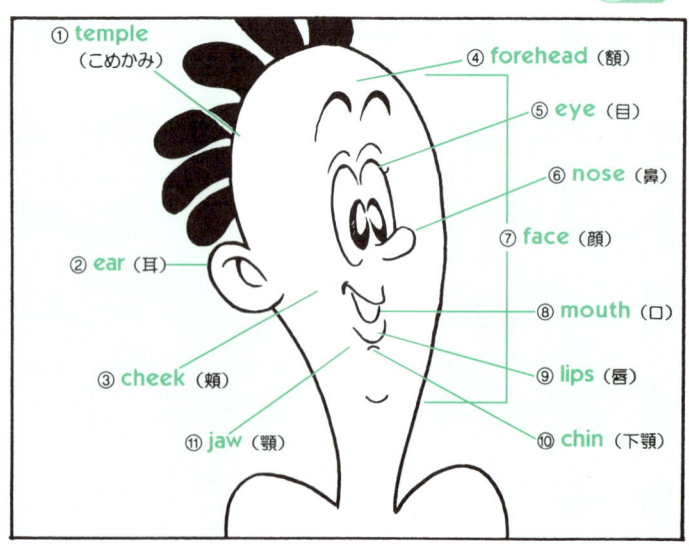

① temple（こめかみ）
② ear（耳）
③ cheek（頬）
④ forehead（額）
⑤ eye（目）
⑥ nose（鼻）
⑦ face（顔）
⑧ mouth（口）
⑨ lips（唇）
⑩ chin（下顎）
⑪ jaw（顎）

Chapter 1　単語

それでは、各部分を説明します。
① は、こめかみ、です。ただ、この temple には「寺」という意味もあります。
④ は、fore が「前」という意味で、head が「頭」ですから、forehead で「頭の前」→「額」になるわけです。
⑦ の face には「直面する」という意味もあります。顔は面ですから、面が動詞化したわけです。
⑧ の mouth と、mouse（ネズミ）や month（月）と混同しないで下さい。
⑨ の lips は、上と下、二つ唇があるので複数形の s が付いています。lipstick は「口紅」ですね。（stick は「棒」ですが、口紅は棒状です）
⑩ の chin と ⑪ の jaw の違いは、⑩ が「顎」で ⑪ が「顎骨」です。

次は、上半身に移ります。

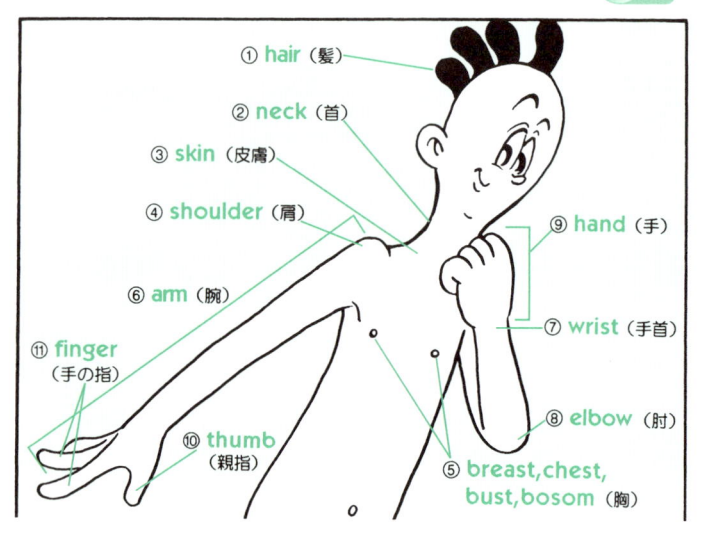

```
① hair（髪）
② neck（首）
③ skin（皮膚）
④ shoulder（肩）
⑥ arm（腕）
⑪ finger（手の指）
⑩ thumb（親指）
⑨ hand（手）
⑦ wrist（手首）
⑧ elbow（肘）
⑤ breast, chest, bust, bosom（胸）
```

上のイラストで、② の neck は、日本語ではネクタイの一部として使われています。英語のネクタイは、たんに tie です。

⑤ の胸を表現する単語は4つもありますが、そのうち3つは b で始まり、2つは st で終わっていることに注意して下さい。

⑥ の arm に y をつけると army になり「軍隊」「陸軍」という意味です。腕は、力（ちから）＝軍隊の象徴ですね。
arm と hand の違いをイラストで確認して下さい。

⑦ の wrist の w は発音しません。
list は「リスト」「名簿」ですね。

Chapter 1 単語

⑩の thumb には、おもしろい表現がいくつかあります。**green-thumb** は「緑の親指」ですが、植木いじりの大好きな人のことを表現します。緑の植木ばかりいじっていると、親指が緑色になってしまうのですね。

all-thumbs は「全部親指」ですが、不器用な人のことを表します。指が全部親指のように太いと、器用な手作業はできませんね。

次は下半身です。

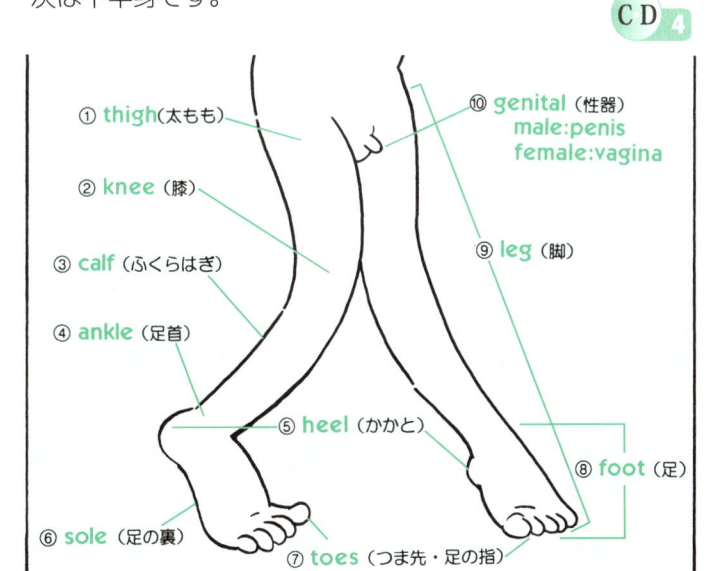

① thigh（太もも）
② knee（膝）
③ calf（ふくらはぎ）
④ ankle（足首）
⑤ heel（かかと）
⑥ sole（足の裏）
⑦ toes（つま先・足の指）
⑧ foot（足）
⑨ leg（脚）
⑩ genital（性器）
　male:penis
　female:vagina

①の thigh は、'サイ' と発音します。
動物園のカバやサイの、サイと覚えて下さい。
動物のサイは、全身太い太もものような動物ですね。
②の knee は、'ニィー' と発音し k は発音しません。
'ケニー' などと言わないで下さいね。
③の calf は、もともと「子牛」という意味です。
日本では牛皮製品のことをカーフと言いますね。
人間のふくらはぎは、子牛の背中のようですね。
④の ankle と、uncle（おじさん）と間違えないように。
⑤の heel は、日本では、'high-heeled shoes＝ハイヒール' として使われていますね。
heal は、「癒す」という動詞で、重要な医療単語です。
⑥に似た単語に、soul（魂・人間）があります。
⑧と⑨の違いをイラストで確認して下さい。

⑧の foot については説明が必要です。
foot には、長さの単位→フット単位の意味があります。
その複数形が feet（フィート）なので、一般には '30フィート' '315フィート' のように、フィートとしてなじみがありますね。ちなみに、1 foot ＝ 30.48cm です。

Chapter 1　単語

次は後部です。

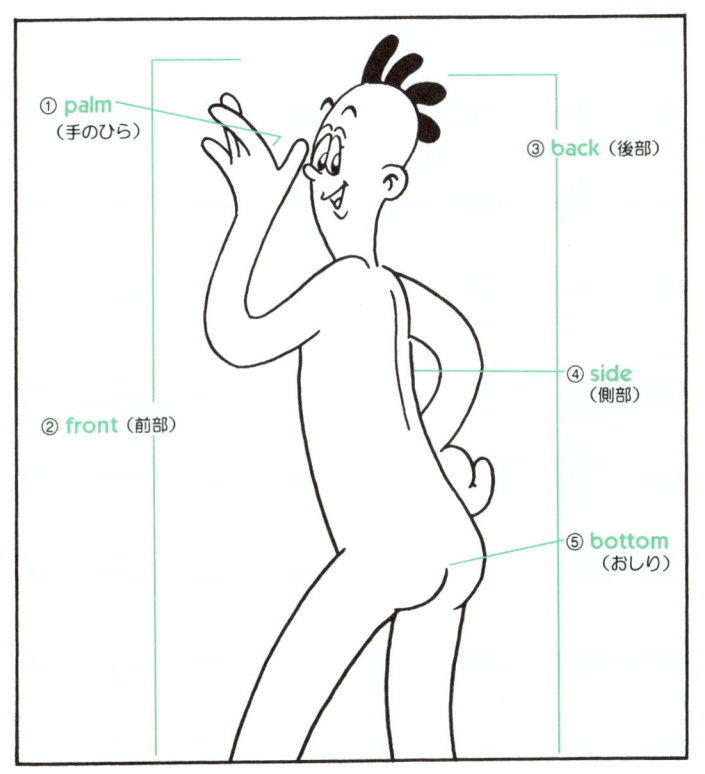

① palm（手のひら）
② front（前部）
③ back（後部）
④ side（側部）
⑤ bottom（おしり）

② の front は、一般に 'in front of 〜'「〜の前」などの熟語で、良く使われますね。
⑤ の bottom は、もともと「底」という意味です。

確認のため今までのイラストを再掲します。
それぞれに正しい単語をあてはめてみましょう。
また、各部を英語で声に出して発音して下さい。

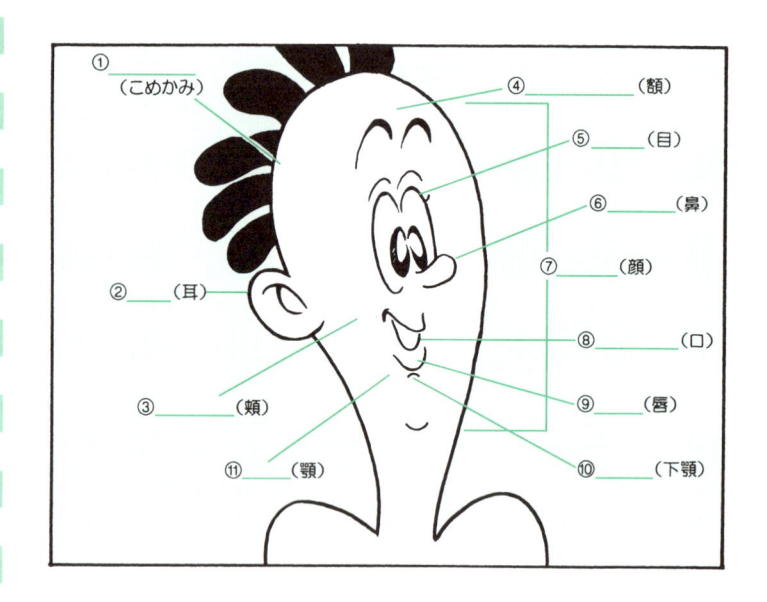

① _____ （こめかみ）
② _____ （耳）
③ _____ （頬）
④ _____ （額）
⑤ _____ （目）
⑥ _____ （鼻）
⑦ _____ （顔）
⑧ _____ （口）
⑨ _____ （唇）
⑩ _____ （下顎）
⑪ _____ （顎）

Chapter 1 単語

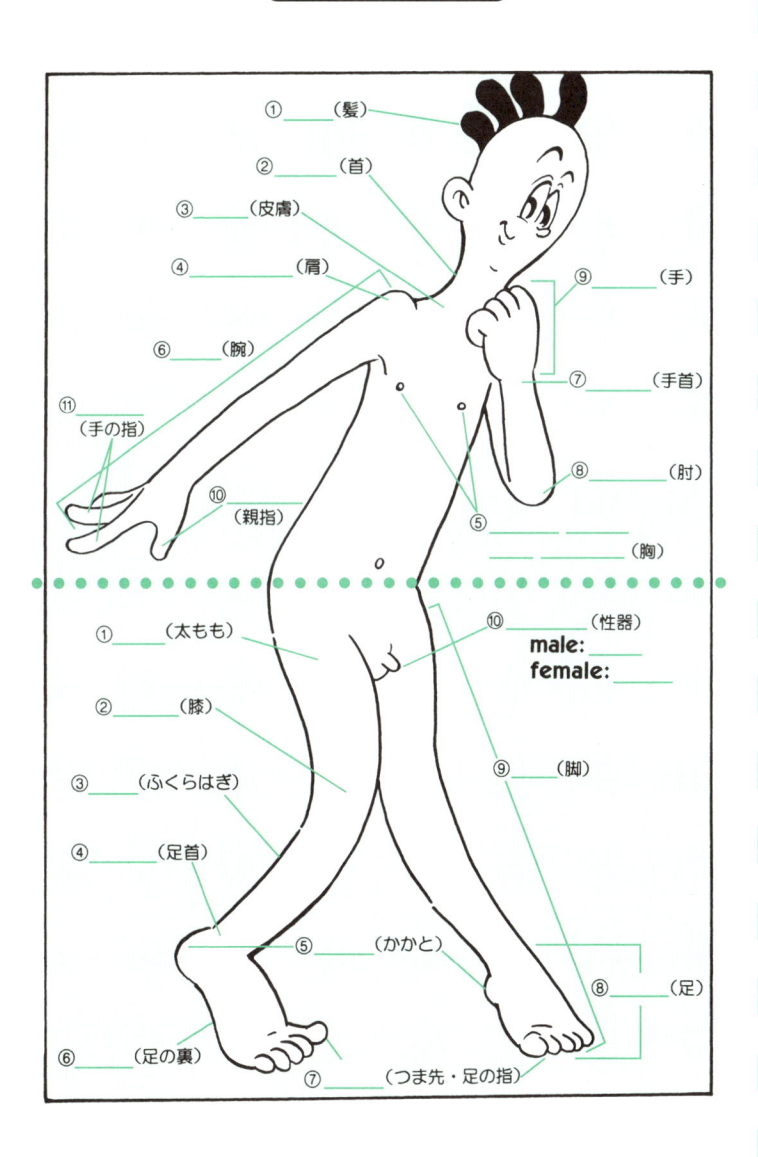

① ____ (髪)
② ____ (首)
③ ____ (皮膚)
④ ____ (肩)
⑥ ____ (腕)
⑪ ____ (手の指)
⑨ ____ (手)
⑦ ____ (手首)
⑧ ____ (肘)
⑩ ____ (親指)
⑤ ____ (胸)

① ____ (太もも)
② ____ (膝)
③ ____ (ふくらはぎ)
④ ____ (足首)
⑤ ____ (かかと)
⑥ ____ (足の裏)
⑦ ____ (つま先・足の指)
⑩ ____ (性器)
male: ____
female: ____
⑨ ____ (脚)
⑧ ____ (足)

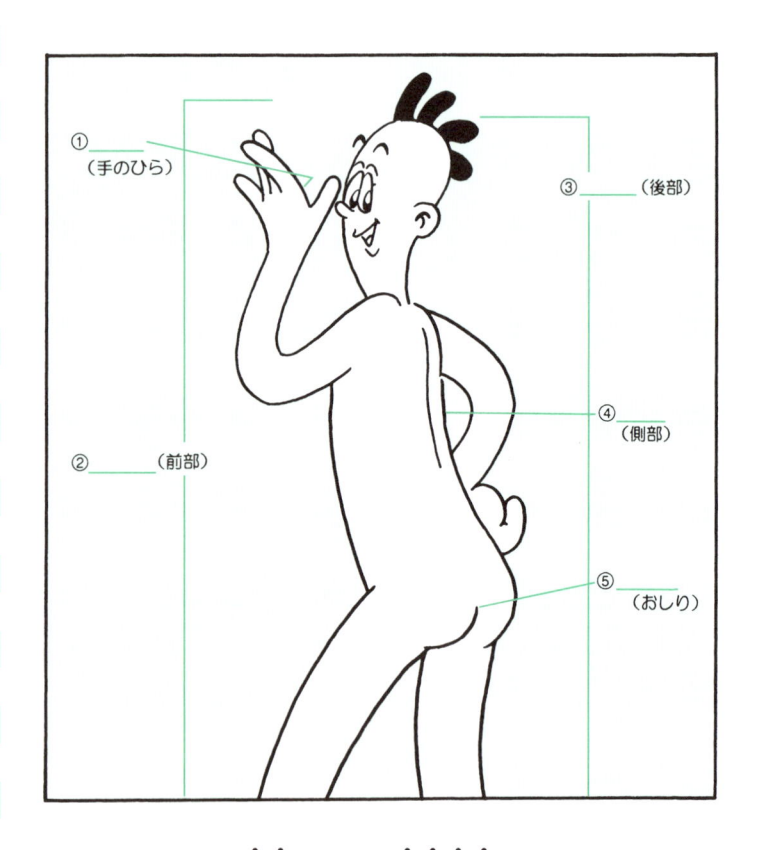

① _____（手のひら）
② _____（前部）
③ _____（後部）
④ _____（側部）
⑤ _____（おしり）

次は内蔵です。「内蔵は難しくないぞう」と考えて下さい。

まず首から上です。
次頁のイラストを見て下さい。

Chapter 1　単語

CD 6

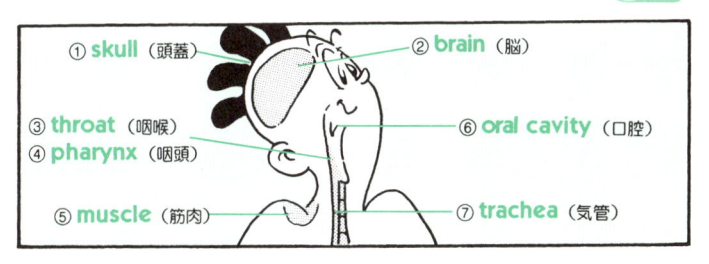

① skull （頭蓋）
② brain （脳）
③ throat （咽喉）
④ pharynx （咽頭）
⑤ muscle （筋肉）
⑥ oral cavity （口腔）
⑦ trachea （気管）

②の brain には、「優秀な人」という意味もあります。
⑤の muscle は'マスクル'ではなく、'マッスル'と発音します。

CD 7

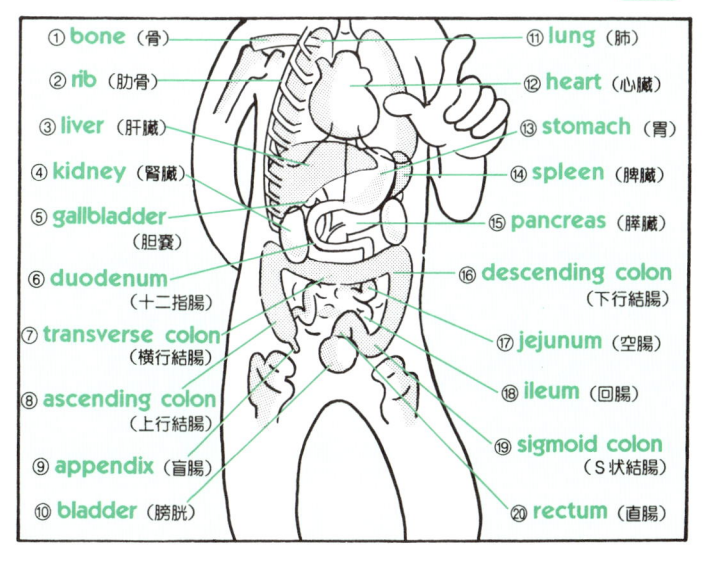

① bone （骨）
② rib （肋骨）
③ liver （肝臓）
④ kidney （腎臓）
⑤ gallbladder （胆囊）
⑥ duodenum （十二指腸）
⑦ transverse colon （横行結腸）
⑧ ascending colon （上行結腸）
⑨ appendix （盲腸）
⑩ bladder （膀胱）
⑪ lung （肺）
⑫ heart （心臓）
⑬ stomach （胃）
⑭ spleen （脾臓）
⑮ pancreas （膵臓）
⑯ descending colon （下行結腸）
⑰ jejunum （空腸）
⑱ ileum （回腸）
⑲ sigmoid colon （S状結腸）
⑳ rectum （直腸）

②の rib は、スペアリブのリブです。
③の liver は、レバにら炒めのレバーです。
⑪の lung は、アクアラングのラングです。
⑫の heart には、「心」という意味もありますね。
hurt は、「傷」「傷つける」という意味の、重要医学単語です。
⑮の pancreas は、「パンくれや」と覚えましょう。

次は、簡単に口の中をのぞいてみましょう。

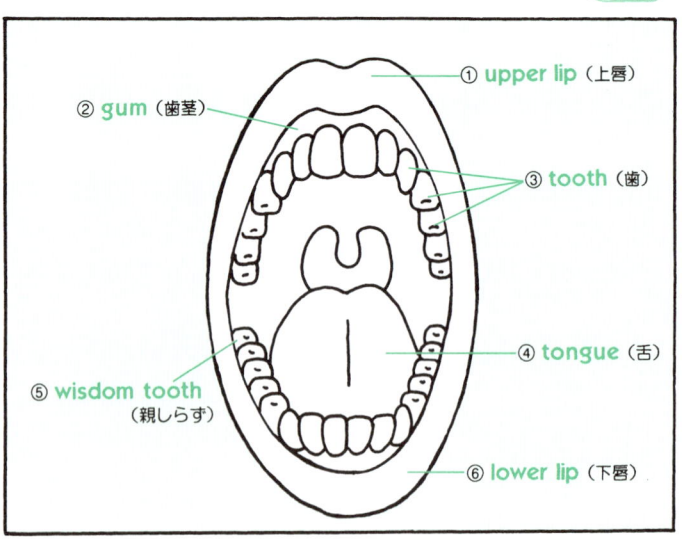

① upper lip（上唇）
② gum（歯茎）
③ tooth（歯）
④ tongue（舌）
⑤ wisdom tooth（親しらず）
⑥ lower lip（下唇）

Chapter 1 単語

④の tongue には、「言語」という意味があります。
mother tongue は「母国語」ですね。
⑤の wisdom tooth はおもしろい単語ですね。
wisdom は「知恵」という意味です。wise は「賢い」という形容詞ですね。

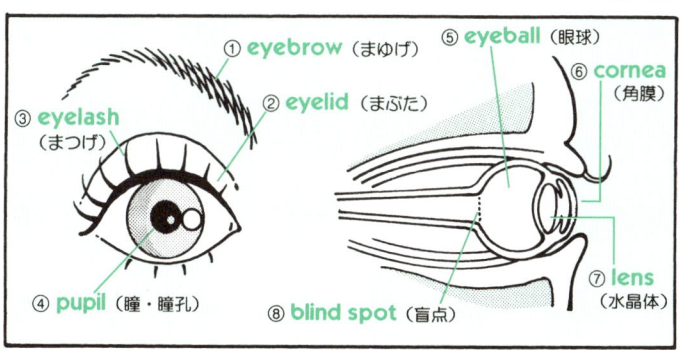

次は目です。

① eyebrow（まゆげ）
② eyelid（まぶた）
③ eyelash（まつげ）
④ pupil（瞳・瞳孔）
⑤ eyeball（眼球）
⑥ cornea（角膜）
⑦ lens（水晶体）
⑧ blind spot（盲点）

④の pupil には、「生徒」という意味があります。

薬

薬を表す英単語はいくつかあり、その区別はとても大切です。

① **drug**
　もともと、「**薬**」、今では「**麻薬**」という意味で使われることが多い。
② **medicine**
　薬一般をさす。「**医学**」という意味もある。
③ **medication**
　薬一般をさす。
④ **pill**
　「**丸薬**」を示す。the pill で「経口避妊薬」という意味もある。
⑤ **tablet**
　「**錠剤**」。「メモ帳」という意味もある。
⑥ **powder**
　「**粉薬**」。もともと「粉」という意味。
⑦ **ointment**
　「**軟膏**」。『オロナイン軟膏』と言いますね。

Chapter 1 単語

drug という単語について説明しておきます。
drug store は、薬などの他、日用品を売っているお店をさします。
純粋に薬局を示す単語は、後述の pharmacy です。昔、イギリスから来た移民がアメリカの荒野に街を作ると、その街に一番最初にできるお店は drug store でした。
食糧は自給自足でしたが、どんな小さな街にも簡単な薬や日用雑貨が必要です。それで、まず薬や日用雑貨を中心とした drug store ができるのです。
そして、もとは薬を中心としたお店が、今では日用雑貨店になって来たのです。

《《 いろいろな薬の名前 》》

主な薬の名前を覚えておかないと、外国で薬を買えませんね。使う頻度の高いものから並べていきましょう。

CD 11

① 風邪薬 ➔ cold medicine
② 胃腸薬 ➔ stomach medicine
③ 消化剤 ➔ digestive acid
　　'ダイジェスティブ アシッドゥ'と発音
④ 抗生物質 ➔ antibiotic
　　'アンティバイオティック'と発音
⑤ 咳止め ➔ cough medicine
　　　　'コフ'と発音
⑥ 鎮痛剤 ➔ pain killer
　　　　　痛み　殺し屋　　痛みを押さえるので「痛みの殺し屋」
⑦ 目薬 ➔ eye drops
⑧ 解熱剤 ➔ medicine to bring down fever
⑨ 漢方薬 ➔ Chinese medicine
　　漢方薬は「中国の薬」というわけです．
⑩ アスピリン ➔ aspirin
⑪ うがい薬 ➔ gargle
　　'ガーグル'と発音
⑫ かゆみ止め軟膏 ➔ ointment for itching
　　　　　　　　'イッチング'と発音
⑬ 睡眠薬 ➔ sleeping pills

Chapter 1 単語

⑭ 下剤 ➔ **cathartic**
　'カサーティック'と発音
⑮ 薬草 ➔ **herb**
　'ハーブ'と発音
⑯ インシュリン ➔ **insulin**

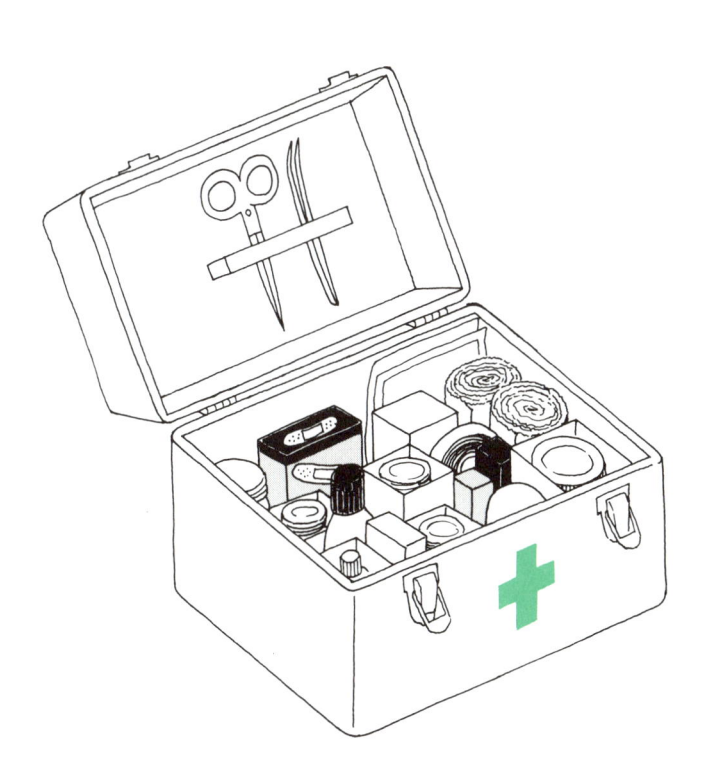

《 薬の例文 》

いくつか薬に関する例文を紹介しましょう。

CD 12

① This sleeping **pill** works well.

sleeping pill は「眠る丸薬」
　　　　　　　　→「睡眠薬」

（この睡眠薬はよく効く）

② This **medicine** acts quickly.

act はもともと「行動する」。
ただし、「効く」という意味もある。

（この薬はすぐに効く）

③ What is this **tablet** good for ?

good for ～「～に良い」

（この錠剤は何の病気に効きますか）

④ It is good for **cold**.

cold はもともと「寒い」という意味の形容詞。
名詞としては「カゼ」という意味もある。

（風邪に効きます）

Chapter 1 単語

《《 薬局関係の単語 》》

薬局そのものを示す単語は、下の黒板の通りです。

---

① **pharmacy**
　アメリカではこの単語が一般的。

② **dispensary**
　おもにイギリス。

薬剤師は、pharmacist, druggist, chemist です。

---

① Where is the nearest **pharmacy**?
　　near「近い」
　　nearest「一番近い」「最寄りの」
　（最寄りの薬局はどこですか）

② May I have medicine for cold ?

　（風邪に効く薬をいただけますか）

もう少し例文を紹介しましょう。

① Do you have eye drops?
　　dropは もともと「落ちる」
　　eye dropsは目に落ちるから「目薬」
　（目薬はありますか）

② Would you give me a receipt?
　　receive「受けとる」
　　receipt「領収書」「受けとり書」
　（領収書をいただけますか）

Chapter 1 単語

3 病気

まず、「病気」そのものを表す単語を整理しましょう。

① **illness**
　ill + ness
② **sickness**
　sick + ness
③ **disease**
　dis + ease
　disは反対を示す。easeは「安楽」を示す。
　diseaseで「安楽の反対」→「病気」
④ **trouble**
　この単語は特定の病名を指すことが多い。
　ex. heart trouble「心臓病」
　もともと「トラブル」「問題」
　travel「旅行」とまちがえぬよう

例えば、次のように使います。

① He **recovered from** an illness.
　recover from ～「～から回復する」
　（彼は病気から回復した）

② She **got well** from a sickness.
    get well「回復する」
    get well from ~「~から回復する」
（彼女は病気から回復した）

$\begin{pmatrix} \text{recover} \\ \text{get well} \end{pmatrix}$ **from an illness**

「病気から回復する」という重要表現です。

次は、「病気の」という形容詞を説明しましょう。
ill や sick などの正しい用法を、キチンと理解してしまいましょう。

① **ill**
   ill には「悪い」という意味もあります。
   be ill in bed「病気で寝ている」

② **sick**
   sick は、もともと「吐き気をもよおす」という意味です。

「病人」は a sick man で、an ill man とは言いません。

Chapter 1 単語

これらの単語に関連して、「病気になる」という表現を確認して下さい。

CD 19

① get
　become ⎫ ill
　fall ⎭

　Tom **became ill**.
　（トムは病気になった）

② **be taken ill**
　受け身の時に使われる表現です

　I **was taken ill** when I came back from Canada.
　（カナダから帰ってくると病気になってしまった）

③ ⎧ **suffer from ~**
　⎩ **catch ~**

　catchは「つかまえる」→病気をつかまえる
　　　　　　　　　　　　→病気になる

　I **caught** a cold last night.

　（私は昨晩風邪をひいた）

もう少し病気にまつわる例文を紹介しましょう。

① Mary **is ill in** bed.

（メアリーは病気で寝ている）

② She has been **sick** for three days.

→期間のfor

現在完了の継続を使っている.

（彼女は三日間ずっと病気です）

③ The teacher seems to be **ill**.

seem to V 「Vのようにみえる」
　　　　　　「Vのように思える」

（先生は病気みたいだ）

④ Your baby looked **unwell**.

well ｛ 上手な / 良い / 元気な

（赤ちゃんの具合が悪いみたいよ）

Chapter 1 単語

《《 いろいろな病名 》》

病気の名前も基本的な医療単語ですね。

① **cold** → 風邪

② **sniffle** → 鼻風邪
　'スニッフル'と発音

③ **flu** → インフルエンザ
　インフルエンザのフル

④ **pneumonia** → 肺炎
　'ニューモニア'と発音

⑤ **asthma** → ぜんそく
　'アズマ'と発音

⑥ **tonsillitis** → へんとう腺炎
　'トンシライティス'と発音

⑦ **heart burn** → 胸やけ
　胸がburn(焼ける)ので「胸やけ」

⑧ **allergic sinusitis** → アレルギー性鼻炎
　'アラジック サイナサイティス'と発音

'Love is measles.「恋ははしかのようなもの」ということわざを知っていますか？
measlesは、'ミーズルズ'と読みます。
なんだか鼻水がズルズルみたいですね。

① **measles** ➡ はしか
　'ミーズルズ'と発音
② **mumps** ➡ おたふく風邪
　'マンプス'と発音
③ **chicken pox** ➡ みずぼうそう

④ **convulsions** ➡ ひきつけ
　'カンバウシャンズ'と発音
⑤ **edema** ➡ むくみ
　'イディーマー'と発音
⑥ **bronchitis** ➡ 気管支炎
　'ブロンカイティス'と発音
⑦ **diabetes** ➡ 糖尿病
　'ダイアビーティズ'と発音
⑧ **angina** ➡ 扁桃炎、狭心症
　'アンジャイナ'と発音
　あんたの病気ナンジャイナ？　アンジャイナ!?

Chapter 1　単語

「アイツはこの学校の cancer だ」といったら何のことでしょうか？
cancer は「ガン」ですね。
stomach cancer（胃ガン）lung cancer（肺ガン）liver cancer（肝臓ガン）などです。liver を river（川）と間違えたらあかんぞぅ（肝臓）〜!?

CD 23

① **stomach ulcer** → 胃かいよう
　　'ストマックアルサー' と発音

② **cirrhosis of the liver** → 肝硬変
　　'サローサス オブ ザ リバー' と発音

③ **contagious disease** → 伝染病
　　'コンテイジャス ディズィズ' と発音

④ **heat stroke** → 熱射病
　　heat「熱」, stroke「打撃」

⑤ **burn** → やけど
　　「バーンとやけどする」と覚えましょう！

⑥ **bruise** → 打撲傷
　　'ブルーズ' と発音

⑦ **malnutrition** → 栄養失調
　　'マルニュートリッション' と発音

Chapter 1 単語

ADMISSION SHEET

Patient's Name: (last)	(first)		(middle)	
Current Address: (street)	(ward)	(city)	(zip code)	Phone No.:
Permanent Adress: (street)	(ward)	(city)	(zip code)	
Date of Admission:			Time of Admission:	(nation)
Date of Birth:(month - day - year)	Place of Birth:			Nationality:
Religion:	Sex: ☐male ☐female		Marital Status: ☐ Sing. ☐ M ☐ W ☐ D ☐ Sep.	
Nearest Relative:			Relationship:	
Address: (street)	(ward)	(city)	(zip code)	Phone No.:
Occupation:				
Business Address (street)	(ward)	(city)	(zip code)	Phone No.:
Source of Payment:				
Chief Complaint:				
Admission Dignosis:				
Discharge Diagnosis and Summary:				
Date of Discharge:		Time of Discharge:		
Name of Physician:				

36

Chapter 1　単語

近年流行の花粉症は、pollinosis か seasonal hay fever です。hay は、干し草ですね。
hay fever は、「枯草熱」や「花粉症」を示します。

CD 24

① **lung tuberculosis** → 肺結核
　'ラングテューバーキュロッシス'と発音

② **hot flush** → のぼせ

③ **neurosis** → ノイローゼ
　'ニューロシス'と発音

④ **tetanus** → 破傷風
　'テタナス'と発音

⑤ **cataract** → 白内障
　'キャタラクト'と発音

⑥ **leukemia** → 白血病
　'リューキミア'と発音

⑦ **Parkinson's disease** → パーキンソン病

⑧ **obesity** → 肥満症
　'オビサティ'と発音

⑨ **anxiety neurosis** → 不安神経症
　anxiety「不安」「心配」
　'アングザイエティー ニューロシス'と発音

二日酔は hang over ですが、これも病気でしょうか!?
hang は「つるす」という意味ですね。
不眠症はやはりひとつの病気ですが、insomnia といいます。
病名はどれも発音が難しいですね。

CD 25

① **schizophrenia** ➡ 分裂症
"スキソフレニア" と発音
② **herpes** ➡ ヘルペス
"ハーピーズ" と発音
③ **hernia** ➡ ヘルニア
"ヘルニア" と発音
④ **pest** ➡ ペスト
ペストには「やっかい者・疫病」という意味もあります

夢遊病は英語でどう言うのでしょうか。dream-play disease などではありませんよ。sleep-walking と言うのです。

寝ながら歩くから

流感は flu か influenza です。
いずれにしても、流行性ですね。
「流行」は、epidemic です。("エピデミック" と発音)
ワクチン（vaccine）が有効でしょう。

Chapter 1　単語

病名の最後です。
いろんな病気があるものですね。

CD 26

① **hives** ➡ じんましん
　'ハイブズ'と発音
　hive は蜂の巣。
　s がつくとじんましんになるのですね。

② **hemorrhoids** ➡ 痔
　'ヘモロイズ'と発音
　痔になると、ヘモロイズになるのですね。
　ナンノコッチャ???

③ **nearsightedness** ➡ 近視
　near「近い」
　sight「風景」

④ **farsightedness** ➡ 遠視
　far「遠い」

⑤ **high blood pressure** ➡ 高血圧
　　　'ブラッド'と発音　　「圧力」
　　　　　　　　日本語でも「プレッシャーがかかる」
　　　　　　　　と言いますネ.

⑥ **low blood pressure** ➡ 低血圧
　　「低い」
　　law なら「法律」

4 お医者さん

いろんなお医者さんがいますね。

① 医者 → **doctor**
　「博士」(Dr.)という意味もありますネ.
② 外科医 → **surgeon**
　'サージェン'と発音
③ 内科医 → **internist**
　'inter'は「中・内」だから「内科医」
④ 歯科医 → **dentist**

⑤ 小児科医 → **pediatrician**
　'ピーディアトゥリシャン'と発音
⑥ 心臓病専門医 → **cardiologist**
　'カーディオロジストゥ'と発音
⑦ 眼科医 → **ophthalmologist**
　'オフサルモロジストゥ'と発音
⑧ 耳鼻咽喉科医 → **otolaryngologist**
　'オトゥラリンゴロジストゥ'と発音
⑨ 精神科医 → **psychiatrist**
　'サイケアトリシトゥ'と発音

Chapter 1　単語

⑩ 神経科医 → **neurologist**
　'ニューロロジストゥ' と発音
⑪ 婦人科医 → **gynecologist**

次に、医療関係者も並べておきます。

CD 28

① 看護師 → **nurse**

② 助産師 → **midwife**
　直訳すると「真ん中の妻」です。ヘンですネ。
③ 看護師長 → **head nurse**

④ 開業医 → **general practitioner**
　practice は「練習」「実行」ですが、「開業」の
　意味もあります。general practitioner で
⑤ 専門医 → **specialist** 「一般的な開業医」
　special「特別な」
⑥ やぶ医者 → **horse doctor**
　「馬みたいなお医者さん」はヤブ医者です！
⑦ かかりつけの医者 → **family doctor**
　家族全員がお世話になるお医者さん。

5 科目名

次は、科目名に進みます。
声を出して発音しながら覚えて下さいね。

① 歯科 → dentistry

② 外科 → surgery

③ 内科 → internal medicine

④ 小児科 → pediatrics
  'ピーディアトゥリィクス' と発音

⑤ 眼科 → ophthalmology
  'オフサルモロジー' と発音

⑥ 耳鼻咽喉科 → otolaryngology
  'オトラリィンゴロジー' と発音

⑦ 神経科 → neurology
  'ニューロロジィー' と発音

⑧ 婦人科 → gynecology
  'ガイネコロジー' と発音
  obstetrics は婦人科というより産科を示します。

Chapter 1 単語

病気を訴える

海外で病気になったときの表現の仕方を学びましょう。医療看護を学んでいる人は、外国人の患者の病気の訴えを理解する勉強だと考えて下さい。

1 一般的な症状

まず、一般的に具合が悪いときには、どのように表現すればよいでしょうか。

① I feel sick.

　　直訳は「私は病気を感じる」

　（気分が悪いのです）
② I don't feel good.

　（気分がよくないのです）
③ I feel lethargic.
　　　　　↓
　　'リサージック'と発音

　（身体がだるいのです）

Chapter 2　病気を訴える

2　風邪かな？

一番多い病気は風邪ですね。
風邪は万病のもとです。

① I feel chilly.

　chillyは「ひんやりする」という形容詞

　（寒気がする）

② I have no appetite.

　「アピタイト」と発音

　（食欲がありません）

③ I have a poor appetite.

　もともと「貧しい」という意味
　「弱い」という意味でも使われる。

　（あまり食欲がありません）

④ I have a fever.

　直訳は「私は熱を持っている」

　（熱があります）

風邪には、いろいろな症状があります。
もう少し例文を並べましょう。

① I feel dizzy.
　　　　↓ 'ディズィー'と発音
　(目まいがします)

② I (caught / have caught) a cold.

　(風邪をひきました)
　= I am suffering from cold.
　　↕
　I have recovered from cold.
　　↓ 現在完了で「病気の回復が完了した」
　　　ことを示す.
　(風邪が治りました)

③ Somebody has given me a cold.
　　　　　　　↓
　現在完了で「病気を与えられた」結果を示す.
　(誰かが私に風邪をうつした)

④ I have a sore throat.
　　　　　　↓　　　↓
　'ソアー'と発音　'スロート'と発音.
　(喉が痛いのです)

Chapter 2　病気を訴える

〈〈 風邪が鼻にきたら 〉〉

風邪が、鼻へくることがありますね。
表現をまとめておきましょう。

① I have a running nose.

直訳すると「走っている鼻」
いかにも鼻水が流れているイメージ。ちょっとキタナイですけど……。

（鼻水が出ます）
✎ running = runny

② I have a head cold.

（鼻風邪をひきました）

③ I have a stuffy nose.

stuff は「材料」

（鼻が詰まっています）

④ I sneeze all the time.

`スニーズ´ と発音。

（しょっちゅうくしゃみが出ます）

ついでに、鼻にまつわる表現をまとめておきます。

① I have a nose bleed.

「出血」blood は「血液」

（鼻血が出ます）

② My nose is stopped up.

受け身になっている。
直訳は「私の鼻は止められてしまっている」

（鼻が詰まっています）

Chapter 2　病気を訴える

《 その他の風邪の症状 》

風邪には、さまざまな症状がありますね。

CD 35

① I have swollen tonsils.
　　swell　swelled　swollen
　　swellは「はれる」「ふくらむ」swollenは「はれた」
　（へんとうせんが腫れています）

② Do you have a fever?
　　　　　　　「サタディー・ナイト・フィーバー」
　　　　　　　　　　と言いますネ.
　（熱がありますか）

③ I have a (high / slight) fever.

　　slight =「わずかな」

　（私は、(高熱/微熱)が、あります）

④ I am allergic to pollen.
　　pollen「花粉」"ポレン"と発音
　　allergy「アレルギー」"アラジー"と発音
　　allergic "アラジック"と発音.
　　英文の直訳は「私は花粉に対してアレルギーです」
　（花粉アレルギーです）

① He had pneumonia.
　　　　　　　↓ 'ニューモニア'と発音
（彼は肺炎でした）

② I had the sniffles for a week.
　　　　─────── 過去完了を使っている
（一週間ほど鼻風邪でした）

③ My daughter has asthma.
　　　　　　　　　　　↓ 'アズマ'と発音
（娘はぜんそくなんです）

④ I cough a little.
　　　↓ 'コフ'と発音
（少し咳が出る）

⑤ My throat got phlegm.
　　　↓ 'スロート'と発音　　↓ 'フレム'と発音
（喉にたんが詰まるのです）

Chapter 2　病気を訴える

3 おなかの病気

《 おなかが痛くなったら 》

風邪の次にかかりやすいのは、腹痛でしょうか。
腹痛の表現をまとめましょう。

CD 37

① I have a stomachache.
（おなかが痛いのです）　"エイク"と発音.

② The boy has an upset stomach.

upset { (動) だめにする、転倒させる
　　　　(名) 転倒 }

（その少年はおなかをこわしている）

③ I feel a dull pain in my stomach.
"ダル"と発音. 「ダルはだるい」と覚えましょう.
dull pain で「鈍痛」
（おなかがしくしく痛みます）

ache は、「痛み」という意味です。
stomachache「腹痛」、toothache「歯痛」
headache「頭痛」、などのように使います。

ache は'エイク'と発音します。
'アチェッ'などと発音しないで下さいね。

《《 その他のおなかの症状 》》

その他のおなかの病気をまとめておきます。

① I have diarrhea.
→ 'ダイアリア'と発音.
（下痢をしています）

② I suffer from chronic constipation.
'クロニック'と発音.「慢性の」　　'コンスティペイション'と発音.
（常習性の便秘です）

③ I feel something wrong with my stomach.

something is wrong with 〜
「〜の調子がおかしい」
（なんだかおなかの具合が悪いんです）

④ I have heartburn.

（胸やけがします）

Chapter 2 病気を訴える

他にもおなかにまつわる病気がありますね。

CD 39

① My father had a food poisoning and has stayed in the hospital for a few days.

poison は「毒」
food poisoning 「食あたり」

（父は食あたりで、2、3日入院しています）

② I had appendicitis when I was six years old.

「アペンディサイティス」

（6つの時、盲腸炎になりました）

③ May I have stomach medicine?

直訳は「得ていいですか」→ていねいな依頼．

（胃腸薬はありますか？）

④ I think you eat and drink too much.

too much 「多すぎる」→「〜しすぎる」

（暴飲暴食だと思いますよ）

《 気持ちが悪いとき 》

気持ちが悪いとき→吐き気などの症状がありますね。

① I feel nausea.
　↓「ノーズィア」と発音
　　意味は「吐き気」
(むかむかする)

② I feel like vomiting.
　↓「ボミットゥ」と発音
　　意味は「吐く」
(吐き気がする)

③ I feel like throwing up.
　↓
直訳すると「投げ出す」
チョット汚いけど「胃の中の物を投げ出す」→「吐く」
(吐き気がする)

④ I have been vomiting several times.
現在完了進行形になっている。

✎ several times「数回」
(何回か吐きました)

Chapter 2 病気を訴える

応用表現を続けましょう。

CD 41

① Will you give me a laxative?

"ラクサティブ" と発音

（便秘薬をいただけますか）

② My child goes to the toilet every half an hour.

   toilet「便器」
   lavatory「トイレ」　laboratory「実験室」と
   restroom「化粧室」　rest「休み」まちがえぬよう
   bathroom「化粧室」　バスルーム →「休憩室」
   every ～「～ごと」
   every five minutes「5分ごと」
   half an hour「半時間」

（私の子供は、30分ごとにトイレに行きます）

③ You have indigestion.

"インディジェスション" と発音.

（あなたは消化不良です）

④ He has stomach cramps.

"クランプス" と発音
意味は「けいれん」

（彼は胃けいれんです）

4 痛みをともなう病気

腹痛の他に、頭痛など痛みをともなう病気がありますね。
表現をまとめていきましょう。

「痛み」は、ache を使えば表現できます。
ache には、「痛む」という動詞もあります。
その他に、hurt も「痛む」という意味をもつ動詞です。

Chapter 2 病気を訴える

① I have a terrible toothache.
tooth の複数形は teeth でしたね。
foot → feet と同じ。
✎ terrible「ひどい」「恐ろしい」
(歯がとても痛みます)

② I have a sore throat.

直訳は「私は痛むのどを持っている」

(喉が痛みます)

③ I have a constant headache. I can't sleep well.

✎ constant「絶え間ない」「コンスタントな」
(頭痛が止まりません。よく眠れないんです)

もう少し痛みをともなう表現を続けましょう。

① I have a splitting headache.
　split「割れる」
　ボーリングの「スプリット」はピンが左右に
　割れて残ってしまうこと。
　（頭が割れるように痛いんです）

② What kind of pain is it?
　kind (種類 = sort
　　　　親切な
　（どんな痛みですか）

③ It is a { dull / constant / sharp / throbbing / acute / chronic } pain.

　（それは、{ 鈍い / 絶え間ない / キリキリした / ズキズキした / 急性の / 慢性の } 痛みです）

Chapter 2 病気を訴える

痛みの表現が続きます。

① Where does it hurt?
　　　　　　　　it はばくぜんと痛みの場所を示す.
　（どこが痛いのですか）

② How long has it hurt?
　　　　　期間を聞く
　（いつからですか）

③ Since the day before yesterday.
　　～以来　　　　　おとつい
　（おとといからです）

④ I will give you a pain killer.
　　　　 V₄　 O　　O

（鎮痛剤をあげましょう）

⑤ Do you have pain?

　直訳は「痛みを持っていますか」

（痛みますか）

⑥ Where is the pain?

（どこが痛むのですか）

⑦ Will you describe the pain ?

　✎ describe（描写する）
（痛みを説明してくれますか）

⑧ My back hurts when I move.
　　　　↓
　　　背中

（動くと背中が痛みます）

Chapter 2 病気を訴える

痛みの最後です。

① My chest hurts.

（胸が痛みます）

② The pain is unbearable

bear「耐える」
bearable「耐えられる」
unbearable「耐えがたい」

（痛みは絶え難い）

③ My elbow hurts when I move it.
       ↓   ↓
      ひじ   ひじ

（動かすとひじが痛いんです）

④ My throat hurts when I swallow.
                              ↓
                            「飲む」
                        swallowには
（飲み込むとき喉が痛むんです）「ツバメ」という意味
                                 もあります

Chapter 2 病気を訴える

病室をのぞいてみよう

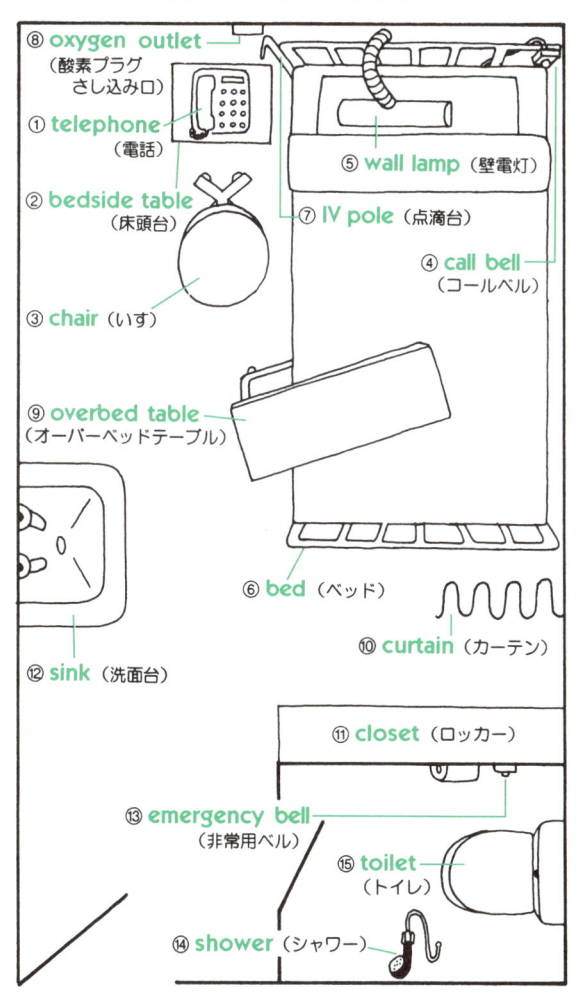

⑧ oxygen outlet （酸素プラグさし込み口）
① telephone （電話）
② bedside table （床頭台）
⑤ wall lamp （壁電灯）
⑦ IV pole （点滴台）
④ call bell （コールベル）
③ chair （いす）
⑨ overbed table （オーバーベッドテーブル）
⑥ bed （ベッド）
⑩ curtain （カーテン）
⑫ sink （洗面台）
⑪ closet （ロッカー）
⑬ emergency bell （非常用ベル）
⑮ toilet （トイレ）
⑭ shower （シャワー）

病室の確認です。正しい単語をあてはめてみましょう。

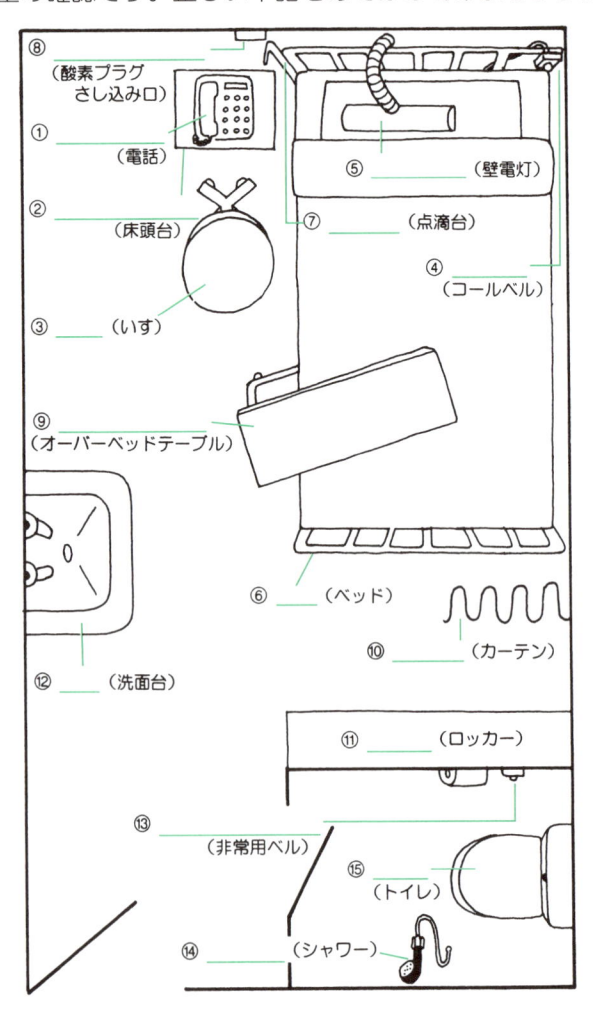

⑧ _____（酸素プラグさし込み口）
① _____（電話）
② _____（床頭台）
③ _____（いす）
⑤ _____（壁電灯）
⑦ _____（点滴台）
④ _____（コールベル）
⑨ _____（オーバーベッドテーブル）
⑥ _____（ベッド）
⑩ _____（カーテン）
⑫ _____（洗面台）
⑪ _____（ロッカー）
⑬ _____（非常用ベル）
⑮ _____（トイレ）
⑭ _____（シャワー）

Chapter 2 病気を訴える

5 歯が痛んだら

歯の痛いのは耐えられませんね。
歯痛に関する表現をまとめましょう。

CD 46

① I have a <u>terrible</u> toothache.
　　　　　↓
　　　　恐ろしい

（歯がとても痛みます）

② Will you give me <u>first aid</u>?
　　　　　　　　　　↓
　　直訳は「最初の援助」→「最初にする処置」
　　　　　　　　　　　　→「応急処置」

（応急処置をして下さい）

③ This tooth is loose.
　loose「ゆるい」`ルース`と発音
　lose「失う」は`ルーズ`と発音しますね。

（この歯がぐらついています）

④ My <u>gums</u> <u>bleed</u> easily.
　　　↓　　　↓
　　歯ぐき　出血する

（歯ぐきからよく血が出ます）

⑤ It hurts when I bite something.
　　　↓　　　　　　　　　↓
　　　歯　　　　　　　　　噛む
　（何か噛むと痛みます）
⑥ You have a gum infection.
　　　　　　　　　　　↓
　　　　　　　　　　　感染
　（歯ぐきが炎症を起こしています）
⑦ You have a pyorrhea.
　　　　　　　　　↓
　　　　　　　　"パイアリィアー"と発音.
　　（しそうのうろう）
　　（歯槽膿漏です）

Chapter 2 病気を訴える

6 ケガの表現

様々なケガの表現について学んでいきましょう。

《《 骨折 》》

まず骨折です。

CD 47

① I broke my right leg.

　　break は「破壊する」

骨折そのものの単語は、fracture です。
（右足を折りました）

② He had his right hand broken.
　　S　V5　　　　　O　　C

He looks very pale.
　　　　　　　↓
現在進行形　青白い

He is also bleeding.

（彼は右手を折りました。真っ青です。出血もしています）

③ Don't move him. I am coming soon.

（彼を動かさないで。すぐに行くから）

④ My mother suffered a fracture in her left leg yesterday.

（母は昨日、左足を骨折しました）

⑤ I dislocated my left shoulder.

locate「配置する」(location「位置」
dislocate「関節をはずす」　　　映画のロケ)

（私は、左の肩を脱臼しました）

《《 切り傷など 》》

切り傷などの日常的なケガの表現を学びましょう。
傷そのものを表す英単語は、hurt です。

① I fell down the stairs and got hurt in my right hand.

fall fell fallen 「落ちる」「倒れる」

（階段で倒れて、右手に傷を負いました）

Chapter 2 病気を訴える

② I cut my left hand with a knife.

cut cut cut と活用
「切り傷」という名詞もあります.
手段の前置詞 with

（ナイフで左手を切った）

③ Does it hurt badly?

ひどく

（ひどく痛みますか）

④ Yes, it hurts very much.

痛みの場所をばくぜんと指す.

（はい、とても痛みます）

⑤ My son scratched his arm.

「ひっかける」「すりむく」

（私の息子は腕をすりむいた）

⑥ I have stiff shoulders.

もともとは「固い」「固い肩」で「肩こり」

（肩が凝ります）

⑦ I have lumbago.

'ランベイゴウ'と発音

（腰痛です）

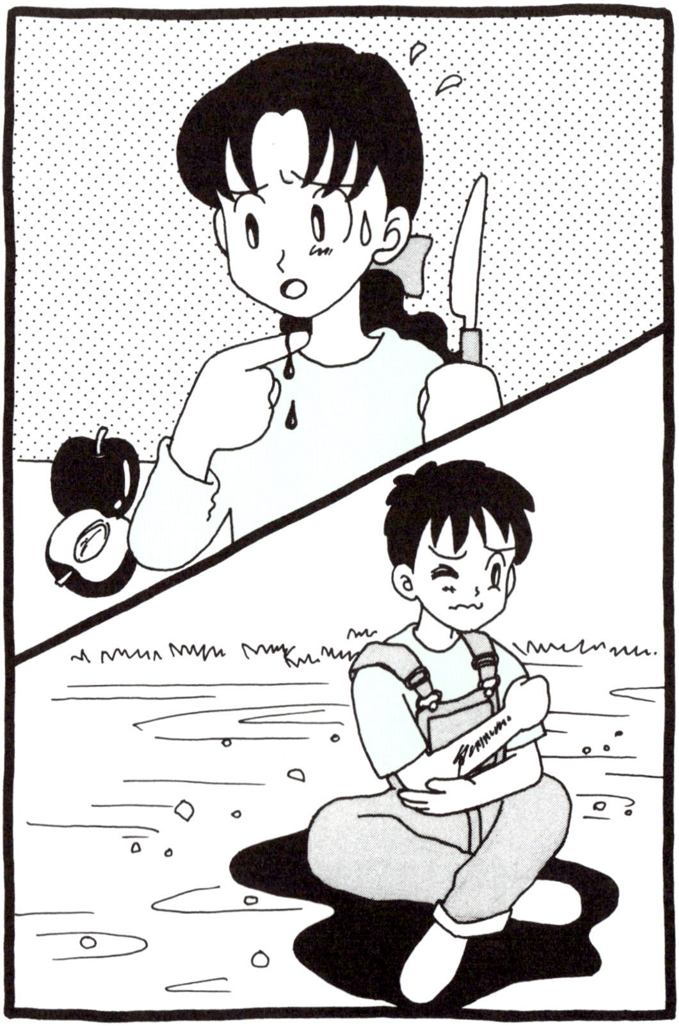

Chapter 2　病気を訴える

《《 やけど 》》

次はやけどです。

CD 49

① I burned my left ring finger in the hot water.
　　　　　　　　　　↓薬指

（熱湯で、左の薬指をやけどしました）

現在	過去	過去分詞
burn	burned / burnt	burned / burnt

《 交通事故 》

交通事故関係の表現をまとめておきます。

CD 50

① My son was hit by a taxi.

受け身 ← hit and run (ひき逃げ / ヒットエンドラン（野球）)

（息子がタクシーにはねられました）

② There was a traffic accident.

↓ 交通事故

（交通事故がありました）

③ A man is seriously injured.

受け身

（一人の男性が重傷を負っています）

④ He is bleeding heavily.

出血は hemorrhage でヘマリッジと発音します。
（出血が激しい）

⑤ He is unconscious.

↓ conscious「意識がある」
unconscious「意識がない」

（彼は意識がありません）

Chapter 2　病気を訴える

⑥ Where is a hospital <u>near here</u>?

　　　　　　　　　　　この近くの

　（この近くでは、どこに病院がありますか）

⑦ Will you call a doctor?

　　　　call ｛ 呼ぶ／電話する／電話 ｝

　（医者を呼んで下さい）

⑧ Is there any doctor who speaks Japanese?

　（日本語の話せる医師がいますか）

⑨ We should <u>take</u> him to a hospital.

　　　　　　連れていく

　（病院に連れて行く必要があります）

⑩ His blood <u>type</u> is A.

　　タイプ＝型

　（彼の血液型はAです）

⑪ He needs blood <u>transfusion</u>.

　　　　　　　　「トランスフュージョン」と発音

　（彼は輸血が必要です）

76

Chapter 2　病気を訴える

《 その他のケガの表現 》

他にもケガをしたときこんな表現を使いますね。

CD 51

① I sprained my left ankle.
　　　↓　　　　　　↓
　　ネンザする　　　　足首
　　　　　　　　　uncle「おじさん」と区別！
（私は左足首を捻挫した）

② In case of pain, you could take a pain killer.
　　　　↓　　　　　　　「もし～」で仮定法になって
　　もしも痛んだら　　　　いるので、助動詞は過去形
（もし痛みだしたら、鎮痛剤を飲んで下さい）

③ It is infected.
　　　　↓
　　　受け身
（バイ菌が入っています）

④ I will apply a bandage.
　　　　　↓　　　　↓
　（申し込む）　　包帯
　　適合させる
（包帯を巻いておきます）

⑤ You should have an operation.
　　　　　　　　　　　　「手術」という意味以外に
　　　　　　　　　　　　「作業」という意味もある。
（手術するべきです）

⑥ You should be hospitalized soon.

↓ hospital「病院」から受け身になっている.

（すぐに入院するべきです）

⑦ You must see a specialist.

see a doctor「医者に診てもらう」

（専門医に診てもらうべきです）

⑧ You should go to the hospital for a general checkup.

↓ general「一般的な」
　general checkup「総合検診」

（病院で、総合検診を受けるべきです）

⑨ Please refrain from taking stimulants.

(refrain from Ving「Vを控える」
  stimulate「刺激する」
  stimulants「刺激」

（刺激物を取らないで下さい）

⑩ Please don't smoke nor drink.

禁止の命令文. 前にpleaseを付けてやわらかくしている.

（タバコと酒は飲まないで下さいね）

⑪ Let's take an X-ray.

↓ (rayは「光線」
　 X-ray「X線」

（レントゲンを撮りましょう）

Chapter 2 病気を訴える

⑫ Let me examine you.
　　　　　　↓「検査する」「診察する」
　　　　　　　examination「診察」
（診察しましょう）

⑬ Will you lie down on the bed?
　　　　　　↓
　　　　　横たわる
（ベッドの上に横たわって下さい）

lie は「横たわる」で**自動詞** でしたね。
lie - lay - lain と活用します。
lying が現在分詞形です。

lay は「横たえる」で**他動詞** です。
lay - laid - laid と活用します。
laying が現在分詞形です。

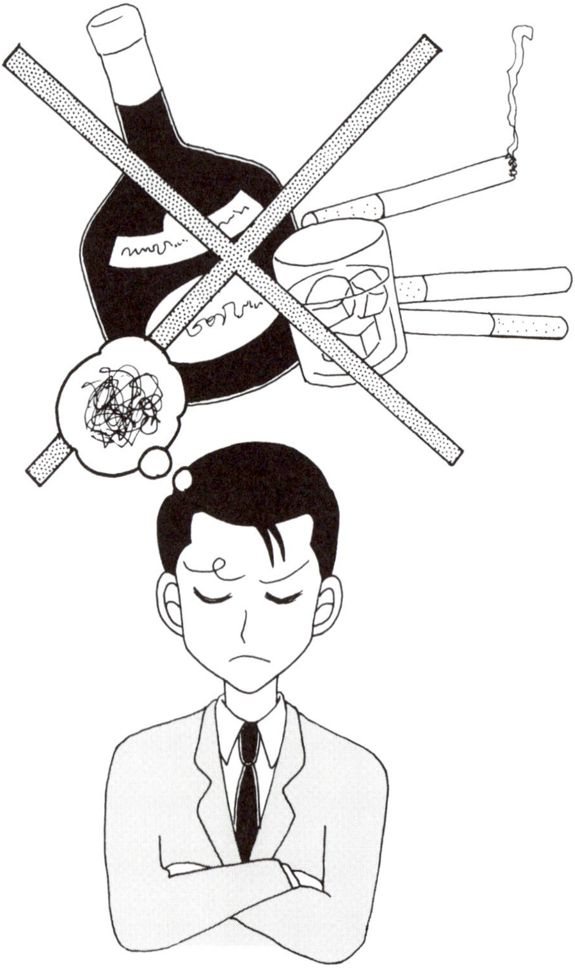

Chapter 2　病気を訴える

3 診察

> 海外で病気になったとき、お医者さんと簡単な英会話をする必要があります。
> 看護婦さんになる人は、外国人の患者さんと話すこともあるでしょう。
> パターン化した基本会話を確実にマスターしていきましょう。

1 診察してもらおう

実際にお医者さんに診察してもらいましょう。　CD 52

① How are you feeling now?
　直訳は「今 あなたはどのように感じますか」

　（どんな具合ですか）
② I don't feel good.

　（あまりよくないんです）
③ I am in bad shape.

　shape「形」
　bad shape「悪い形」→ 病気
　（身体の調子が悪いんです）

Chapter 3 診察

④ I would like to see a doctor.
　　　〜したい
（医者に診てもらいたい）

⑤ I feel tired.

（疲れを感じるんです）

⑥ I don't want to eat anything.
　 I have a poor appetite.

（何も食べたくないんです。
　ほとんど食欲がありません）

⑦ That's too bad.

直訳は「それは悪すぎる」

（それはよくないですね）

⑧ What is the matter with you?
英会話の決まり文句
= Is anything the matter with you?
（どうしたんですか）

上の⑧で、matter は「物事」「事件」などの意味を持つ重要単語です。
また、「大切である」という動詞でもあります。
直訳は「あなたについて何が問題ですか」ですね。

What is wrong with you ? もほとんど同意味ですが、直訳は「あなたについて何が悪いんですか」ですね。

① How is your appetite ?

（食欲はどうですか）

② I have no appetite.

（食欲はありません）

③ What is your regular dose ?

レギュラー　薬

（常備薬はなんですか）

④ What medicine are you taking ?

（どんな薬を使っていますか）

⑤ Open your mouth.

（口を開けて下さい）

Chapter 3 診察

もう少し、診察の現場を観察していきましょう。

① Please take off your shirt.

take off { 脱ぐ / 離陸する

（シャツを脱いで下さい）

② What is your problem?

直訳は「あなたの問題はなんですか」

（どうしました）

③ My menstrual period has not started yet this month.

月経　　まだ〜ない

（今月、まだ月経が始まりません）

④ Cough please.

「コフ」と発音

（咳をしてみて下さい）

もしアメリカで病気になって、アメリカ人のお医者さんと話をして通じなかったら、メモに書きながらゆっくりコミュニケーションしてみましょう。

Chapter 3 診察

① Please <u>inhale</u> deeply.
   ↓ 吸う

（深く息を吸って下さい）

② I want you to come here again within three days.

within「〜以内」

（三日以内にまた来て下さい）

③ I think that <u>it would be better for you to</u> go back to Japan.

it would be better for you to V
「Vした方が良い」
= You had better V

（日本に帰ったほうがいいと思います）

まだまだ続きます。

① Have you ever experienced this in your life before?

現在完了「経験」　experience「経験する」

(今までにこのような経験がありますか)

② No. This is the first time.

(いいえ、これが始めてです)

③ Yes. It happened two years ago.

happen「起こる」= occur

(はい、二年前にも起こりました)

④ Does it happen very often?

しょっちゅう

(しょっちゅう起こるのですか)

⑤ Yes. It happens about once every month.

一度

(はい、およそ一ヵ月ごとに起こります)

happen は「起こる」という意味で occur と同意味ですね。熟語では take place があります。

Chapter 3 診察

CD 57

① How are you today?

　(今日はいかがですか)

② Pretty well.

　{かなり / かわいい} の2つの意味があります．

　(かなりいいです)

③ I don't feel better.

　直訳は「私はより良くは感じません」

　(あまりよくありません)

④ I feel much better.

　直訳は「私ははるかによく感じます」

　(よくなりました)

cf. I feel a little better.

　(すこしよくなりました)

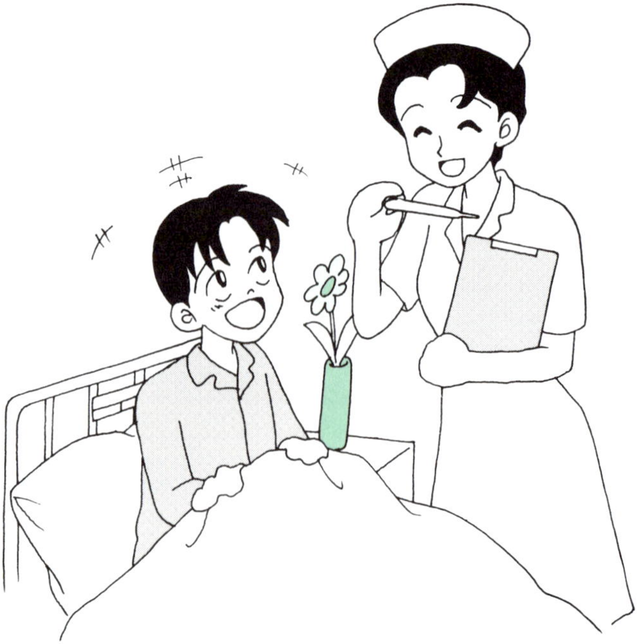

Chapter 3 診察

① I will check your blood pressure.
　　　　　　チェックする
（血圧を計りましょう）

② Roll up your sleeve.
　　「巻く」「ころがす」→ ロールパンは「巻いた形になっているパン」
（腕をまくって下さい）

③ I am afraid I have a slight fever.
　　　　　　that が省略されている．
（微熱があるのでは）

④ I will check your temperature.
　　　　　　　　　　　温度／体温

体温計は thermometer です。
（体温を計りましょう）

⑤ Do I have to be hospitalized?
　　　　　must
（入院しなくてはなりませんか）

⑥ What should I eat?

（何を食べたらいいのですか）

⑦ Could I drink alcohol?

　　　　　　　　　アルコール

　（アルコール類を飲んでいいですか）

⑧ How long do I have to stay in bed?

　（どのくらいベッドに寝てなければなりませんか）

⑨ You must stay in bed for a week.

　（一週間、寝ていなければなりません）

⑩ I will examine your { blood. / urine. / stool.

examine「検査する」

examination「試験」

　おしっこのことは piss とも言います。

　（あなたの、{ 血液 / 小便 / 大便 } を検査しましょう）

Chapter 3 診察

診察風景の続きです。

① What are your symptoms?　→ 症状

（どんな症状ですか）

② I feel chilly.
chill「寒気」
chilly「寒気がする」
（寒気がします）

③ When did you have a medical examination last?
medical → 医学の
examination → 検査／試験
（最後に診察を受けたのはいつですか）

④ Do you have medical insurance?　→ 保険

（医療保険に入っていますか）

⑤ Could I have a medical certificate?

certificate「証明する」

（診断書をいただけますか）

Chapter 3 診察

⑥ How long does it take to get well?

take →「時間がかかる」　get well →「回復する」

（どのくらいでよくなりますか）

⑦ It will take at least a week.

least →「少なくても」

（少なくとも一週間はかかるでしょう）

⑦の least は little の最上級です。
little - less - least と活用します。

次は、処方箋を持って薬を買いに行くときの表現です。
次のページを見て下さい。

① Will you give me a prescription?

(処方箋を書いて下さい)

② Please take this prescription to a pharmacy and buy medicine.

(この処方箋を薬局に持って行って、薬を買って下さい)

③ Will you fill this prescription?

(この処方箋の薬を下さい)

④ Do you have prescription?

(処方箋がありますか)

⑤ No. I don't have a prescription.

(いいえ、処方箋はありません)

⑥ I am sorry. But I can't sell anything without a prescription.

(申し訳ありませんが、処方箋がないと薬を売ることはできません)

Chapter 3 診察

病気になっても困らないためには、お医者さんと仲良くなることです。
具合が悪くなったら、まずお医者さんに電話しましょう。

① Is this Dr. Smith's clinic? Yes, it is.

（スミス先生の診療所ですか。はいそうです）

② I have a hearing trouble.
I can't hear well.
I have a discharge from my ears.
My ears are ringing.

（難聴なんです。
　良く聞こえないんです。
　耳から膿が出ます。
　耳鳴りがします）

③ Could I go and see you?

（お伺いしてよろしいですか）

④ Sure. Please come to the clinic as soon as possible.

（もちろん。できるだけ早く来て下さい）

Chapter 3 診察

⑤ Could I make an appointment?
　　　　　　約束をする

（診療予約してもらえますか）

⑥ Please roll up your sleeve. → ソデ
　 I will give you an injection. （注射
　　　　　　　　　a shot.　　　かんちょう）

（腕をまくって下さい。注射をします）

⑦ What is the diagnosis?
　　　　　　'ダイアグノウシス'
　　　　　　　「診察」

（診断はいかがでしょうか）

もう少し続けましょう。

① Could I <u>bathe</u> today?
   ↓ take a bath と同じ

　（今日お風呂に入っていいですか）

② No. You should <u>avoid taking</u> a bath this evening.
   avoid Ving「Vを避ける」

　（いいえ、今晩はお風呂をひかえて下さい）

③ How should I take this medicine?

　（どのようにしてこの薬を飲めばよいのですか）

④ Take one <u>tablet</u> with water.
   ↓ 錠剤

　（水といっしょに一錠飲んで下さい）

⑤ <u>How many times</u> <u>a day</u> should I take it?
   回数を聞く表現　　一日に

　（一日何回飲むべきですか）

Chapter 3 診察

⑥ Three times a day (before / after) meals.

食事 ← (foodは「食物」)

(一日三回 (食前/食後) に飲んで下さい)

⑦ Please take a spoonful of this medicine.

↓ スプーン一杯の

(スプーン一杯、この薬を飲んで下さい)

② お見舞いに行こう

次に、外国でお見舞いにいくケースを学びましょう。

CD 63

① What is the visiting hours?
   ↓ 訪問時間 = 面会時間

   (面会時間は何時ですか)

② When could we visit?
   ↓ ていねいにするために
      助動詞の過去形を使っている

   (いつ面会にいけばよいのですか)

③ You could visit from nine in the morning to five in the afternoon on weekdays.
   → 平日

   (平日は午前九時から夕方五時まで面会できます)

④ You could come from nine to twelve on Saturdays and Sundays.

   (土日は九時から十二時までです)

Chapter 3 診察

次に、病室内での患者と見舞い客の会話を学びましょう。

CD 64

① How are you feeling today?

直訳は「あなたは今日どのように感じますか」

（今日の具合はどう）

② Not so bad.

直訳は「そんなに悪くない」「非常に悪いわけではない」

（まずまずです）

③ Is there anything I could bring you?

whichから文末までが先行詞
anythingにかかっている。

（何か持って来ましょうか）

④ Will you bring me a radio?

（ラジオを持って来て下さいませんか）

3 歯医者さんと患者

歯の痛いのは、ガマンできませんね。
また、歯は人体の中でもとても重要なものです。

① What's the matter with you?

P.85 参照

（どうしたのですか）
② I have a toothache.

（歯が痛むのです）
③ When $\begin{cases} \text{did it hurt?} \\ \text{did you begin to feel it?} \end{cases}$

（いつごろから感じ始めましたか）
④ Since yesterday.

$\begin{pmatrix} \text{It began to hurt} \\ \text{I began to feel} \end{pmatrix}$ since yesterday. の省略形

（昨日からです）

Chapter 3　診察

⑤ It began about a month ago. But the pain went away after a while. And now it has come back.

went away「去った」

（約一ヶ月前に痛み出したんです。
しかし痛みはしばらくしてきえました。
そして今、また痛みだしたんです）

⑥ You got some decayed teeth.

decay「くさる」

（虫歯が何本かありますね）

⑦ I can't stand it any longer.

耐える = bear（P.64参照）
not any longer「もう～ない」

（もう我慢できません）

⑧ You have to extract your decayed teeth.

「引く」「引き抜く」

（虫歯を抜かなければなりません）

⑨ If possible, don't extract them.

(it is)

（もしできれば、抜かないで下さい）

⑩ Do you make it a rule to brush your teeth after every meal?

make it a rule to V 「Vすることを習慣にする」

brush { みがく / ブラシ

(毎食後、歯を磨く習慣にしていますか)

⑪ I brush my teeth <u>three times</u> a day.
　　　　　　　　　　　　↓
　　　　　　　　　　　　3回

(私は、一日に三回歯を磨きます)

⑫ I brush them only (in the morning.
　　　　　　　　　　(<u>before going to bed.</u>
　　　　　　　　　　　　　寝る前 ↙

(私は、(朝 / 寝る前) だけ、磨きます)

Chapter 3 診察

CD 66

① You have a <u>cavitied</u> tooth.
　　　　　　　↓「虫歯」

（虫食い歯が一本あります）

② I will <u>fill</u> it.
　　　　↓ もともとは「満たす」

（つめてしまいましょう）

③ Do you have any pain?

（痛みはありますか）

④ No, I don't have any pain.

（いいえ、痛みはありません）

⑤ Your gums are bleeding.

gum { 歯ぐき / ゴム } の2つの意味がある．

（歯ぐきから血がでていますね）

⑥ Do you feel anything <u>unnatural</u> when you <u>chew</u>?
　　　　　　　　　　　　　　　natural「自然」「自然な」
　　　　　　　　　　　　　　　unnatural「不自然な」
　「かむ」
※ chewing gum「かむガム」

（噛んだとき、不自然な感じがしますか）

4 難しい単語を覚えよう

看護や病気の会話も日常会話も、センテンスそのものはさほど違いはありません。
ただ、病気・医療会話では日常使わない単語も多く使われますので、それらの単語をマスターすることが大切です。

今までの各章で、出てこなかった重要な病気・医療単語を解説を交えつつ、まとめておきます。

CD 67

① **immunization** → 免疫

② **AIDS** → 後天性免疫不全症群
= Acquired 獲得した → 後天性
Immunodeficiency → 免疫不全
Syndrome → 症候群

③ **ambulance** → 救急車

④ **compress** → 湿布

Chapter 3　診察

⑤ **disinfectant** → 消毒液

⑥ **adhesive tape** → ばんそうこう

⑦ **constitution** → 体格

　　もともとは「構成」という意味です.

⑧ **pulse** → 脈

⑨ **reaction** ⎫
　 side effect ⎭ → 副作用

⑩ **previous history** → 持病

⑪ **crucial condition** → 危機的状態

⑫ **pimple** ⎫ → にきび
　 acne ⎭
　　'アクニ'と発音.

⑬ **drug dependence** → 依存症

⑭ **drug abuse** → 薬物乱用

⑮ **roentgen ＝ X ray** → レントゲン・X線

⑯ **abortion** ⎫ → 流産
   miscarriage ⎭
   carriage「運び」
   miscarriage 赤ちゃんを運びそこねること

⑰ **epidemic** → 流行病

⑱ **germ** → バイ菌
   'ジャーム'と発音.

⑲ **gonorrhea** → リン病

それでは、最後です。

① **bed-wetting** → オネショ
   直訳は「ベッドがぬれている」

② **heartburn** → 胸焼け

③ **blink** → まばたき
   'ブリンク'と発音

④ **malaria** → マラリア

Chapter 3 診察

⑤ **drug poisoning** → 麻薬中毒

　直訳は「麻薬の毒」

⑥ **anesthesia** → 麻酔

　'アナスシーズィア'と発音

⑦ **attack** → 発作

　attackはもともと「攻撃」
　発作は人体への攻撃なのでattack

⑧ **redness** → 発赤

　redは「赤」

⑨ **radiation** → 放射線

⑩ **delivery** → 分娩

　deliveryはもともと「配達」
　子供を体外へ「配達する」

⑪ **discharge** → 分泌物・排泄物

　もともとは「排出する」という意味

⑫ **adrenal** → 副腎

　'アドゥリーナル'と発音

⑬ **adrenaline** ➜ アドレナリン

⑭ **obesity** ➜ 肥満
　'オビーサティー'と発音

⑮ **cataract** ➜ 白内障
　'キャタラクトゥ'と発音.

⑯ **tetanus** ➜ 破傷風
　'テタヌス'と発音.

⑰ **pus** ➜ 膿
　'パス'と発音.

4 演習問題

◀ 次の各文を日本語にせよ ▶ （解答は p.125）

① What's the matter?
(   )

② Did you take any medicine?
(   )

③ Do you feel feverish?
(   )

④ Have you gained or lost weight recently?
(   )

⑤ What allergies do you have?
(   )

⑥ Are you taking any medicine regularly?
(   )

⑦ Have you ever been hospitalized before?
(   )

⑧ Have you ever had any operations?
(   )

⑨ Have you ever had a serious illness before?
(   )

⑩ Do you smoke?
(   )

⑪ Do you drink?
(   )

Chapter 4 演習

12 Do you have difficulty sleeping?
( )

13 How has your appetite been?
( )

14 Do you have a temperature?
( )

15 Do you have nausea?
( )

16 I'm going to take your temperature.
( )

17 Let me take your pulse.
( )

18 Please take a deep breath.
( )

19 We need a sample of your blood for lab examination.
( )

20 We need a urine specimen.
( )

21 Your shouldn't take a bath when you have a fever.
( )

22 You should not smoke in your condition.
( )

23 Please lie down on the bed.
(   )

24 My neck hurts when I turn my head.
(   )

25 I have a terrible stomach ache.
(   )

26 I have throbbing headache.
(   )

27 I have frequent nose bleeds.
(   )

28 I have a sore throat, and it is difficult to swallow.
(   )

29 My eyes are irritated.
(   )

30 There is a ringing in my ears.
(   )

31 My wisdom teeth are starting to come in.
(   )

32 I think I have a gum infection.
(   )

33 I have had diarrhea for a few days.
(   )

34 I am suffering from heavy constipation.
(   )

Chapter 4 演習

㉟ I have a pain in my abdomen.
　（　　　　　　　　　　　　）

㊱ I feel a sharp pain when I urinate.
　（　　　　　　　　　　　　）

㊲ My urine is cloudy.
　（　　　　　　　　　　　　）

㊳ My skin breaks out in a rash when I wear jewelry.
　（　　　　　　　　　　　　）

㊴ I pulled a muscle in my leg while playing tennis.
　（　　　　　　　　　　　　）

㊵ My knee is swollen and it is painful to bend.
　（　　　　　　　　　　　　）

㊶ I sprained my back lifting a heavy box.
　（　　　　　　　　　　　　）

㊷ Do you have any children?
　（　　　　　　　　　　　　）

㊸ I think I may be pregnant.
　（　　　　　　　　　　　　）

㊹ Is this your first pregnancy?
　（　　　　　　　　　　　　）

㊺ When was your last period?
　（　　　　　　　　　　　　）

㊻ Do you have morning sickness?
(   )

㊼ Are you near-sighted?
(   )

㊽ Do you have high blood-pressure?
(   )

㊾ What is your regular dose?
(   )

㊿ There was a traffic accident.

51 A little boy is seriously injured.
(   )

52 He is bleeding heavily.
(   )

53 I can't sleep well.
(   )

54 Not so bad.
(   )

55 Please come here again within five days.
(   )

56 My little sister has been ill in bed for six days.
(   )

57 I had an operation two years ago.
(   )

Chapter 4 演習

58 Let me take an X-ray.
(   )

59 Please take off your clothes.
(   )

60 Please relax.
(   )

61 What is your nationality?
(   )

62 What's your date of birth?
(   )

63 I'm sorry to have kept you waiting.
(   )

64 I have to apologize to you.
(   )

65 What is your favorite food?
(   )

66 You did well.
(   )

67 Don't give up.
(   )

68 I think I know how you feel.
(   )

69 Make a fist.
(   )

70 Please take off your shirt.
( )

71 You can put them on.
( )

72 You can get dressed now.
( )

73 Please inhale deeply and exhale slowly.
( )

74 What did you eat last night?
( )

75 Do you have any questions?
( )

76 I hope you can follow these instructions.
( )

77 Here is your medeicine.
( )

78 The standard dose for pain relief is 2 tablets.
( )

79 Try to relax your muscles.
( )

80 Major symptoms fo measles include a high fever and rash.
( )

81 Spinach is rich in iron.
( )

Chapter 4 演習

82 Some ladies have the problem of iron deficiency due to crash diets.
( )

83 Smoking is a health hazard.
( )

84 Nowadays, a lot of people suffer from pollenosis.
( )

85 Repeated uses of sleeping pills cause dependency.
( )

86 When was the date of the last examination?
( )

87 Have you ever had polio?
( )

88 Do you wear contact lenses?
( )

89 Are you color blind?
( )

90 Is my father cataract or glaucoma?
( )

91 I have stomatitis.
( )

92 I think you had better wear glasses.
( )

93 Since about twenty minutes ago.
   (   )

94 I took my temperature this morning, and it was 37.5 degrees centigrade.
   (   )

95 You should gain more weight.
   (   )

96 I have a severe muscle pain.
   (   )

97 I have a touch of the flu.
   (   )

98 The wound has inflammation.
   (   )

99 I have been suffering from piles.
   (   )

100 The wound has pus.
   (   )

Chapter 4　演習

― 解答 ―

1. いかがなさいましたか？
2. 何か薬を飲みましたか。
3. 熱っぽいですか。
4. 最近、体重の変化は見られましたか。
5. 何かアレルギーはありますか。
6. 習慣的に飲んでいる薬はありますか。
7. 入院したことはありますか。
8. 手術をしたことはありますか。
9. 大きな病気をしたことはありますか。
10. 煙草は吸いますか。
11. お酒は飲みますか。
12. 眠れないことはありますか。
13. 食欲はいかがですか。
14. 熱はありますか。
15. 吐き気はしますか。
16. 体温を測ります。
17. 脈拍を測ります。
18. 深呼吸をしてください。
19. 検査のために採血をする必要があります。
20. 検尿をします。
21. 熱がある時は風呂に入らないほうが良いでしょう。
22. 今の体調では煙草は控えたほうが良いでしょう。
23. ベッドに横になってください。
24. 首を捻ると痛みます。

25 ひどい腹痛がします。
26 頭がズキズキ痛みます。
27 頻繁に鼻血が出ます。
28 喉が痛くて飲み込むのが大変です。
29 目がしょぼしょぼします。
30 耳鳴りがします。
31 親知らずがはえてきました。
32 歯ぐきが炎症を起こしています。
33 数日前から下痢を起こしています。
34 ひどい便秘に苦しんでいます。
35 下腹部に痛みがあります。
36 排尿痛があります。
37 尿が濁っています。
38 貴金属を身に付けると皮膚が炎症を起こします。
39 テニスをしていて、脚の筋肉を伸ばしました。
40 膝が腫れていて曲げられません。
41 重いものを持ち上げようとして背中を痛めました。
42 子供はいらっしゃいますか。
43 妊娠しているのではないかと思います。
44 初めての妊娠ですか。
45 最後の月経はいつでしたか。
46 つわりはありますか。
47 近視ですか。
48 高血圧ですか。
49 普段の薬の量はどのくらいですか。
50 交通事故がありました。

Chapter 4 演習

51 小さな男の子が大怪我をしました。
52 彼はひどく出血しています。
53 良く眠れません。
54 そんなにひどくはありません。
55 五日以内にまた来てください。
56 私の妹は六日間病気で寝ています。
57 二年前に手術をしました。
58 レントゲンを撮らせてください。
59 服を脱いでください。
60 力を抜いてください。
61 国籍はどちらですか。
62 誕生日はいつですか。
63 お待たせして申し訳ありません。
64 申し訳ありません。
65 お好きな食べ物は何ですか。
66 良く出来ました。
67 あきらめないで。
68 あなたの気持ちが分かるような気がします。
69 拳を握ってください。
70 シャツを脱いでください。
71 着てもよろしいですよ。
72 服を着てください。
73 大きく息を吸って、ゆっくり吐いてください。
74 夕べは何を食べましたか。
75 何か質問はありますか。
76 この指示に従ってください。

77 お薬です。
78 鎮痛のための通常量は 2 錠です。
79 筋肉の力を抜いてください。
80 麻疹の主な症状は高熱と湿疹です。
81 ホウレンソウは鉄分が豊富です。
82 女性は過激なダイエットのせいで鉄分が不足しがちです。
83 煙草は健康に良くありません。
84 最近、花粉症の人が増えています。
85 睡眠薬を繰り返し使うと体が薬に頼ってしまいます。
86 最後の診察の日付はいつでしたか。
87 小児麻痺の経験はありますか。
88 コンタクト・レンズはしていますか。
89 色盲です。
90 父は白内障ですか、緑内障ですか。
91 口内炎ができています。
92 メガネをかけたほうが良いと思います。
93 二十分ほど前からです。
94 今朝体温を測ったら、摂氏 37.5 度でした。
95 もう少し体重を増やしたほうが良いでしょう。
96 筋肉がひどく痛みます。
97 インフルエンザの気配があります。
98 傷が炎症を起こしています。
99 痔で苦しんでいます。
100 傷が膿んでいます。

# Chapter 4　演習

◆ それぞれに正しい単語をあてはめよ ◆

(解答は p.17 〜 19)

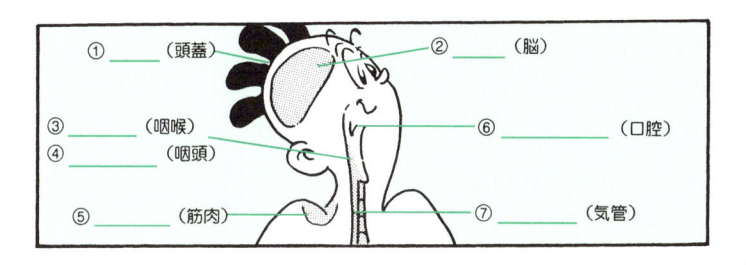

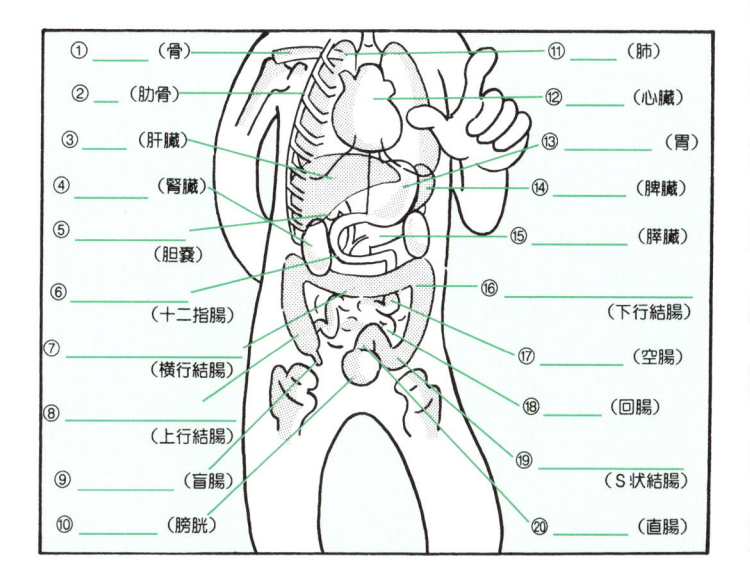

① _____ (頭蓋)
② _____ (脳)
③ _____ (咽喉)
④ _____ (咽頭)
⑤ _____ (筋肉)
⑥ _____ (口腔)
⑦ _____ (気管)

① _____ (骨)
② _____ (肋骨)
③ _____ (肝臓)
④ _____ (腎臓)
⑤ _____ (胆嚢)
⑥ _____ (十二指腸)
⑦ _____ (横行結腸)
⑧ _____ (上行結腸)
⑨ _____ (盲腸)
⑩ _____ (膀胱)
⑪ _____ (肺)
⑫ _____ (心臓)
⑬ _____ (胃)
⑭ _____ (脾臓)
⑮ _____ (膵臓)
⑯ _____ (下行結腸)
⑰ _____ (空腸)
⑱ _____ (回腸)
⑲ _____ (S状結腸)
⑳ _____ (直腸)

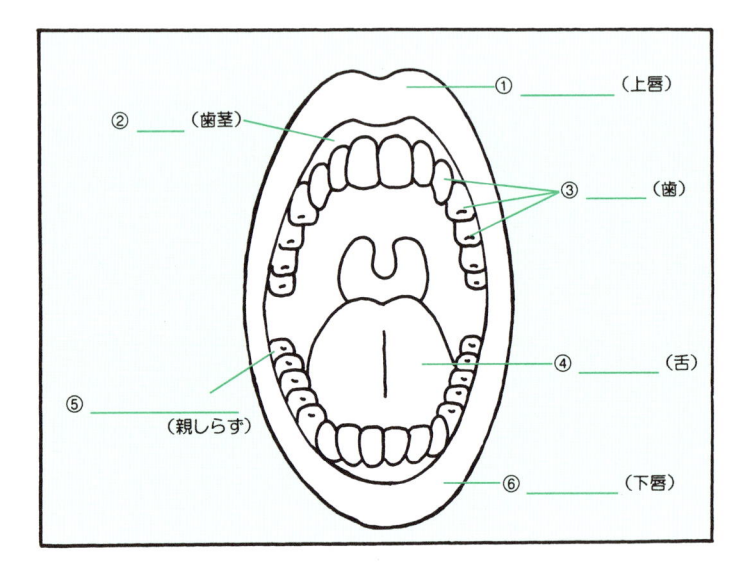

① _____ （上唇）
② _____ （歯茎）
③ _____ （歯）
④ _____ （舌）
⑤ _____ （親しらず）
⑥ _____ （下唇）

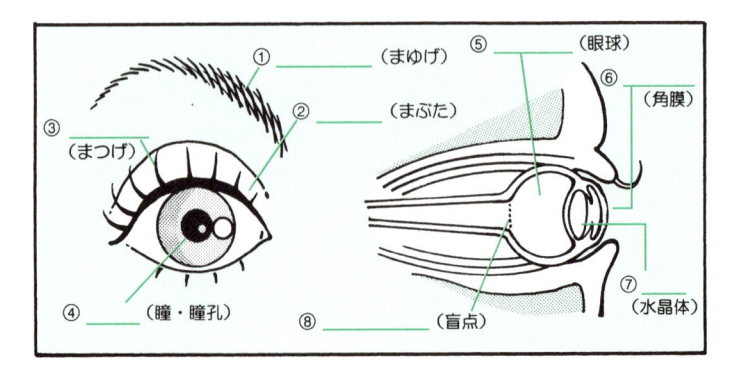

① _____ （まゆげ）
② _____ （まぶた）
③ _____ （まつげ）
④ _____ （瞳・瞳孔）
⑤ _____ （眼球）
⑥ _____ （角膜）
⑦ _____ （水晶体）
⑧ _____ （盲点）

索引

A

abortion 112
acne 111
acute pain 60
adhesive tape 111
adrenal 113
adrenalin 114
after meals 103
AIDS 110
allergic sinusitis 31
ambulance 110
anesthesia 113
angina 32
ankle 11
antibiotic 22
anxiety neurosis 37
appendicitis 55
appendix 17
appetite 47
arm 10
ascending colon 17
asthma 31
aspirin 22
attack 113

B

back 13
bandage 77
bathroom 57
become ill 29
bed-wetting 112
bedside table 65
before meals 103
be in bad shape 84
be taken ill 29
bladder 17
blind spot 19
blink 112
blood type 75
bone 17
bosom 10
bottom 13
brain 17
breast 10
bronchitis 32
bruise 34
burn 34
bust 10

C

calf 11
call bell 65
cancer 34
cardiologist 40
cataract 37
cathartic 23
cavitied tooth 109
cheek 8
chemist 25
chest 10
chicken pox 32
chilly 47
chin 8
Chinese medicine 22
chronic pain 60
cirrhosis of the liver 34
clinic 100
cold 24
cold medicine 22
compress 110
constant pain 60
constipation 54
constitution 111
contagious disease 34
convulsions 32
cornea 19
cough medicine 22

INDEX

crucial condition 111

D

decayed tooth 107
delivery 113
dentist 40
dentistry 42
descending colon 17
diabetes 32
diagnosis 101
diarrhea 54
digestive acid 22
discharge 100
disease 27
disinfectant 111
dislocate 70
dispensary 25
dizzy 48
doctor 40
drug 20
drug abuse 111
drug dependence 111
druggist 25
drug pisoning 113
dull pain 60
duodenum 17

E

ear 8
edema 32
elbow 10
emergency bell 65
epidemic 38
examine 79
eye 8
eyeball 19
eyebrow 19
eyelash 19
eyelid 19

eye drops 26

F

face 8
fall ill 29
family doctor 41
farsightedness 39
female 10
fever 47
flu 31
finger 10
first aid 67
food poisoning 55
foot 11
forehead 8
fracture 69
front 13

G

gallbladder 17
gargle 22
general checkup 78
general practitioner 41
genital 11
germ 112
get ill 29
get well 28
gonorrhea 112
gum 18
gynecologist 41
gynecology 42

H

hair 10
hand 10
hang over 38
hay fever 37
headache 53
head nurse 41

hearing trouble   100
heart   17
heart burn   31
heart trouble   27
heat stroke   34
heel   11
hemorrhage   74
hemorrhoids   39
herpes   38
herb   23
high blood pressure   39
hives   39
horse doctor   41
hospital   75
hospitalize   78
hot flush   37

⇛ I ⇚

ileum   17
ill   28
illness   27
immunization   110
immunodeficiency   110
indigestion   57
infect   77
infection   68
influenza   38
injection   101
insomnia   38
insulin   23
internal medicine   42
internist   40
IV pole   65

⇛ J ⇚

jaw   8
jejunum   17

⇛ K ⇚

kidney   17
knee   11

⇛ L ⇚

lavatory   57
laxative   57
leg   11
lens   19
lethargic   46
leukemia   37
lips   8
liver   17
liver cancer   34
low blood pressure   39
lower lip   18
lumbago   71
lung   17
lung cancer   34
lung tuberculosis   37

⇛ M ⇚

malaria   112
male   10
male nurse   41
malnutrition   34
measles   32
medical certificate   96
medical insurance   96
medication   20
medicine   20
medicine to bring down fever   22
menstrual period   88
midwife   41
miscarriage   112
mouth   8
mumps   32

INDEX

muscle 17

N

nausea 56
nearsightedness 39
neck 10
neurologist 41
neurology 42
neurosis 37
nose 8
nose bleed 50
nurse 41

O

obesity 37
obstetrics 42
ointment 20
ointment for itching 22
operation 77
ophthalmologist 40
ophthalmology 42
oral cavity 17
otolaryngologist 40
otolaryngology 42
overbed table 65
oxygen outlet 65

P

pain killer 22
palm 13
pancreas 17
Parkinson's disease 37
pediatrician 40
pediatrics 42
penis 11
pest 38
pharmacist 25
pharmacy 25
pharynx 17
phlegm 52
pill 20
pill (the) 20
pimple 111
piss 94
pneumonia 31
pollinosis 37
powder 20
prescription 98
previous history 111
psychiatrist 40
pulse 111
pupil 19
pus 114
pyorrhea 68

R

radiation 113
reaction 111
receipt 26
recover 28
rectum 17
redness 113
restroom 57
rib 17
roentgen 111
running nose 49

S

schizophrenia 38
scratch 71
seasonal hay fever 37
seriously injured 74
sharp pain 60
shot 101
shoulder 10
sick 28
sick man 28
sickness 27

- side 13
- side effect 111
- sigmoid colon 17
- skin 10
- skull 17
- sleeping pills 22
- sleep-walking 38
- sneeze 49
- sniffle 31
- sole 11
- sore throat 48
- specialist 41
- spleen 17
- sprain 77
- stiff shoulders 71
- stimulants 78
- stomach 17
- stomachache 53
- stomach cancer 34
- stomach cramps 57
- stomach medicine 22
- stomach ulcer 34
- stool 94
- stuffy nose 49
- surgeon 40
- surgery 42
- symptoms 96
- Syndrome 110

T

- tablet 20
- temperature 93
- temple 8
- tetanus 37
- thermometer 93
- thigh 11
- throat 17
- throbbing pain 60
- throwing up 56
- thumb 11
- toes 11
- toilet 57
- tongue 18
- toothache 53
- tonsillitis 31
- trachea 17
- traffic accident 74
- transfusion 75
- transverse colon 17
- trouble 27

U

- unconscious 74
- upper lip 18
- upset stomach 53
- urine 94

V

- vaccine 38
- vagina 11
- visiting hours 104
- vomiting 56

W

- wisdom tooth 18
- wrist 10

X

- X-ray 78

索引

❦あいうえお❦

顎　8
足　11
脚　11
足首　11
足の裏　11
アスピリン　22
アドレナリン　114
アレルギー性鼻炎　31
胃　17
胃かいよう　34
胃ガン　34
胃けいれん　57
意識がない　74
医者　40
依存症　111
胃腸薬　22
医療保険　96
咽喉　17
インシュリン　23
咽頭　17
インフルエンザ　31
うがい薬　22
腕　10
膿　100
上唇　18
栄養失調　34
Ｓ状結腸　17
遠視　39
炎症　68
応急処置　67

横行結腸　17
おたふく風邪　32
オーバーベッドテーブル　65
おなかをこわす　53
オネショ　112
親知らず　18
親指　10

❦かきくけこ❦

開業医　41
回腸　17
（病気から）回復する　28
顔　8
かかと　11
かかりつけの医者　41
角膜　19
下行結腸　17
風邪　24
風邪薬　22
肩　10
肩が凝る　71
花粉症　37
髪　10
かゆみ止め軟膏　22
身体の調子が悪い　84
枯草熱　37
ガン　34
眼科　42
眼科医　40
眼球　19
肝硬変　34
看護士（男性）　41

- 看護婦　41
- 肝臓　17
- 肝臓ガン　34
- 漢方薬　22
- 丸薬　20
- 気管　17
- 気管支炎　32
- 危機的状態　111
- 救急車　110
- 急性の痛み　60
- 狭心症　32
- キリキリした痛み　60
- 近視　39
- 筋肉　17
- 空腸　17
- くしゃみ　49
- 薬　20
- 口　8
- 唇　8
- 首　10
- 経口避妊薬　20
- 外科　42
- 外科医　40
- 化粧室　57
- 下剤　23
- 血液型　75
- 月経　88
- 下痢　54
- コールベル　65
- 高血圧　39
- 口腔　17
- 抗生物質　22
- 交通事故　74
- 後天性免疫不全症群　110
- 後部　13
- 骨折　69
- 粉薬　20
- こめかみ　8

さしすせそ

- 寒気　47
- 酸素プラグ差し込み口　65
- 痔　39
- 歯科　42
- 歯科医　40
- 刺激物　78
- 歯槽膿漏　68
- 舌　18
- 下顎　8
- 下唇　18
- 歯痛　53
- 湿布　110
- 耳鼻咽喉科　42
- 耳鼻咽喉科医　40
- 持病　111
- 出血　74
- 重傷　74
- 十二指腸　17
- 消化剤　22
- 消化不良　57
- 上行結腸　17
- 症候群　110
- 錠剤　20
- 症状　96

索引

- 床頭台　65
- 消毒液　111
- 小便　94
- 小児科　42
- 小児科医　40
- 食あたり　55
- 食後　103
- 食前　103
- 食欲　47
- 助産婦　41
- 女性　11
- 処方箋　98
- 神経科　42
- 神経科医　41
- 診察　79
- 心臓　17
- 心臓病　27
- 心臓病専門医　40
- 腎臓　17
- 診断　101
- 診断書　96
- じんましん　39
- 診療所　100
- 水晶体　19
- 膵臓　17
- 睡眠薬　24
- ズキズキした痛み　60
- すりむく　71
- 性器　11
- 精神科医　40
- 咳止め　22
- ぜんそく　31
- 前部　13
- 専門医　41
- 総合検診　78
- 側部　13

❖ たちつてと ❖

- 体温　93
- 体温計　93
- 体格　111
- 大腿（太もも）　11
- 大便　94
- 絶え間ない痛み　60
- 脱臼　70
- 打撲傷　34
- だるい　46
- たん　52
- 男性　11
- 胆のう　17
- 膣　11
- 乳房　10
- 注射　101
- 直腸　17
- 鎮痛剤　22
- 頭痛　53
- 手　10
- 低血圧　39
- 手首　11
- 手のひら　13
- 伝染病　34
- 点滴台　65
- 殿部（おしり）　13
- トイレ　57

頭蓋　17
瞳孔　19
糖尿病　32

なにぬねの

内科　42
内科医　40
軟膏　20
難聴　100
にきび　111
鈍い痛み　60
入院　78
熱　47
熱射病　34
捻挫　77
ノイローゼ　37
脳　17
喉が痛い　48
のぼせ　37

はひふへほ

パーキンソン病　37
肺　17
肺炎　31
肺がん　34
バイ菌　77
肺結核　37
排せつ物　113
吐き気がする　56
歯ぐき　18
白内障　37
はしか　32
破傷風　37
白血病　37
鼻　8
鼻風邪　31
鼻が詰まる　49
鼻血　50
鼻水　49
ばんそうこう　111
ひきつけ　32
肘　10
非常用ベル　65
膝　11
脾臓　17
額　8
皮膚　10
肥満　114
肥満症　37
病院　75
病気　27
病気になる　29
病人　28
不安神経症　37
副作用　111
副腎　113
腹痛　53
ふくらはぎ　11
婦人科　42
婦人科医　41
婦長　41
二日酔　38
不眠症　38
分泌物　113

索引

- 分娩　113
- 分裂症　38
- ペスト　38
- ヘルニア　38
- ヘルペス　38
- 便器　57
- へんとう線炎　31
- 便秘　54
- 便秘薬　57
- 膀胱　17
- 放射線　113
- 包帯　77
- 頬　8
- 発作　113
- 発赤　113
- 骨　17

❖ まみむめも ❖

- 麻酔　113
- まつげ　19
- まばたき　112
- まぶた　19
- 麻薬　20
- 麻薬中毒　113
- まゆげ　19
- マラリア　112
- 慢性の痛み　60
- みずぼうそう　32
- 耳　8
- 脈　111
- むかむかする　56
- むくみ　32

- 虫食い歯　109
- 胸　10
- 胸やけ　31
- 虫歯　107
- 夢遊病　38
- 目　8
- 目薬　26
- 目まい　48
- 免疫　110
- 免疫不全　110
- 面会時間　104
- 盲腸炎　55
- 盲点　19

❖ やゆよ ❖

- 薬剤師　25
- 薬草　23
- 薬物乱用　111
- やけど　34
- 薬局　25
- 指（足）　11
- 指（手）　10
- やぶ医者　41
- 輸血　75
- 腰痛　71

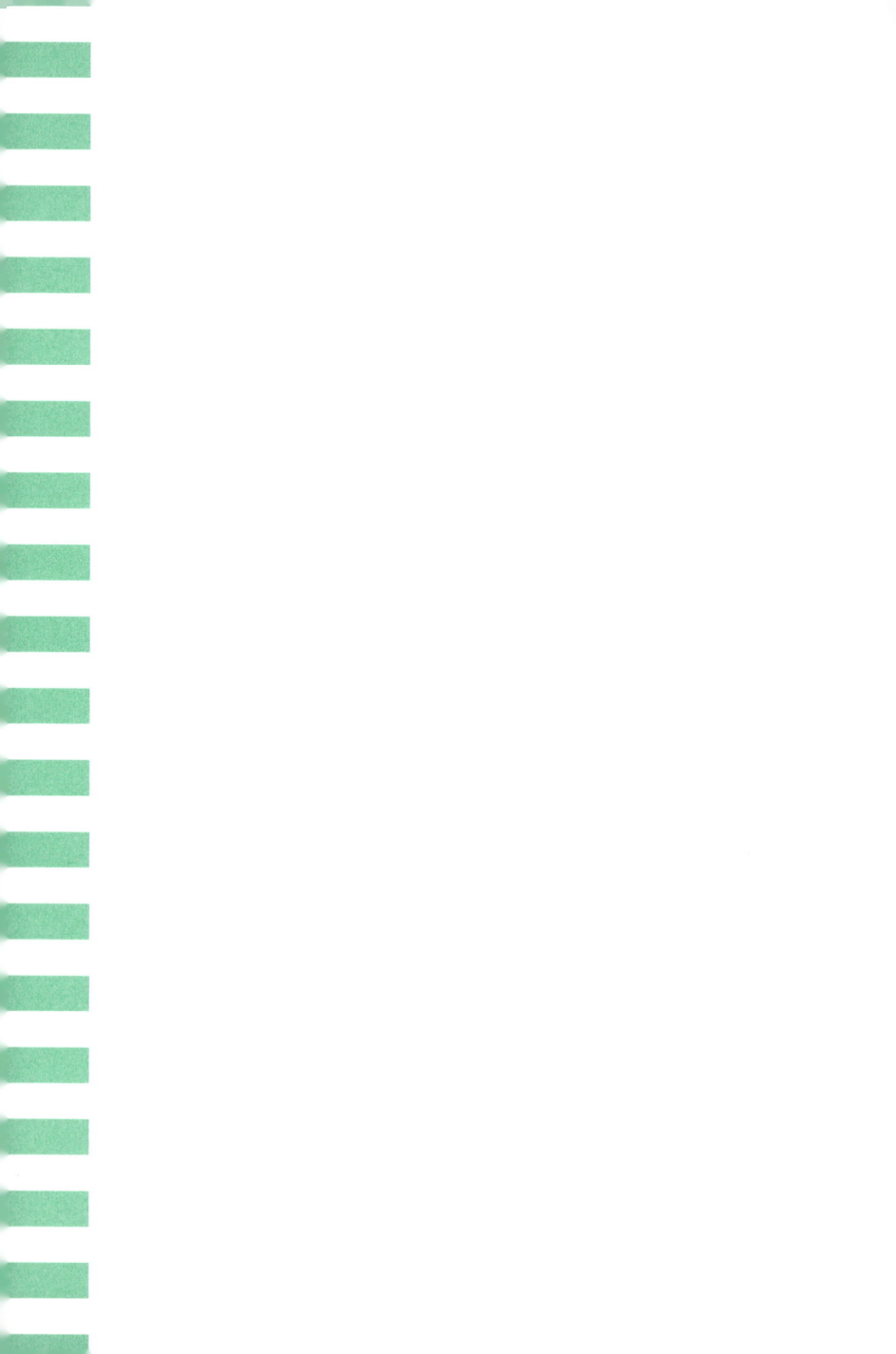

尾崎哲夫（おざきてつお）

1953年大阪生まれ。1976年早稲田大学法学部卒。2000年早稲田大学大学院アジア太平洋研究科修士課程修了。松下電送機器（株）勤務、関西外国語大学短期大学部教授を経て、近畿大学経済学部教授を歴任。
著書に『ビジネスマンの基礎英語』〈日本経済新聞社〉／『海外個人旅行のススメ』『海外個人旅行のヒケツ』『中学生の英語』〈以上、朝日新聞社〉／『法律英語入門』〈自由国民社〉／『大人のための英語勉強法』『TOEIC・テストを攻略する本』〈以上、ＰＨＰ研究所〉／『英検サクセスロード』（各級）『英検エクスプレス』（各級）〈以上、南雲堂〉がある。

新 病気になっても困らない英会話

++
2010年　4月22日　改装1刷
2024年　3月29日　改装5刷

著　者	尾　崎　哲　夫
発行者	南　雲　一　範
印刷所	日本ハイコム株式会社
製本所	有限会社　松村製本所
発行所	株式会社　南雲堂

東京都新宿区山吹町361番地／〒162-0801
電話番号　03-3268-2384（営業部）
ファクシミリ　03-3260-5425
振替口座　00160-0-46863
URL http://www.nanun-do.co.jp
++
乱丁・落丁本はご面倒ですが小社通販係宛ご送付ください。送料小社負担にてお取替えいたします。

Printed in Japan 〈検印省略〉
ISBN978-4-523-42289-1 C0082 <A-289>

装丁
　銀月堂
イラスト
　藤井義一・伊東徐

本書は『病気になっても困らない英会話』のCD付リニューアル版です。

南雲堂の
英単語ピーナツほど
おいしいものはないシリーズ

金 メダルコース　　**銀** メダルコース　　**銅** メダルコース

村上式シンプル英語勉強法〔ダイヤモンド社刊〕で
米google副社長(当時)　村上憲郎氏 **おすすめ教材！**
TOEIC®テストに頻出の英単語が満載。必読の一冊です！

清水かつぞー著
各定価（本体1000円＋税）
四六判　CD付き
音声と**コロケーション**（連語）
で覚える画期的な**単語集！**

スピード感がたまらない！　誰もが自在に使いこなせる無類の単語集！
精選されたテーマ別連語（ピーナツ）で合理的に覚えられる！